医療と薬の基礎知識

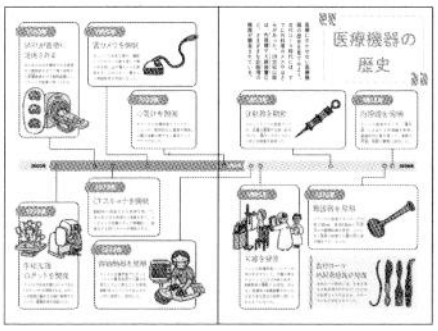

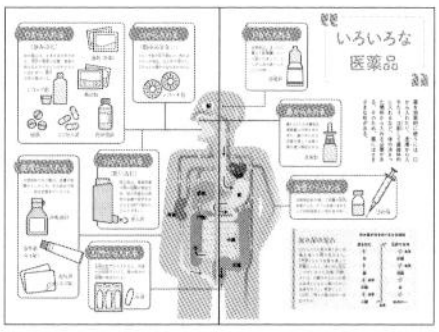

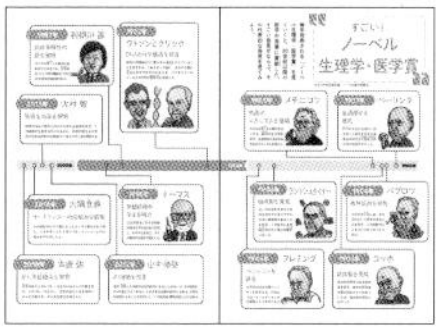

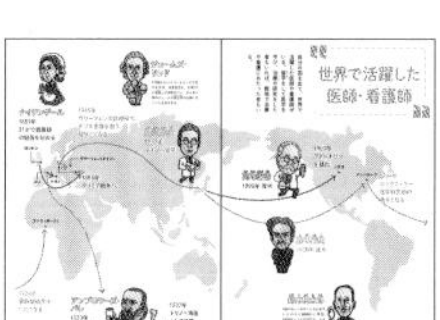

医療機器の歴史

医療に欠かせない医療機器の歴史を見てみよう。すでに古代ローマ時代には、外科用のメスやはさみがあった。19世紀以降は、内視鏡《ないしきょう》やX線装置《エックスせんそうち》など、さまざまな診断用《しんだんよう》の機器が開発されている。

1800年

1805年 内視鏡を発明

ドイツの医者ボチニが、「導光《どうこう》器《き》」とよばれる内視鏡を発明。直接体内に管を通して、直腸や尿道《にょうどう》、咽頭《いんとう》の観察に成功した。

1816年 聴診器を発明

フランスの医者ラエンネックが、長さ31cm、直径3.8cmの円筒《えんとう》状《じょう》の木製聴診器を発明。これにより患者《かんじゃ》の診察で心臓《しんぞう》や肺《はい》の音が聴きやすくなった。

1853年 注射器を開発

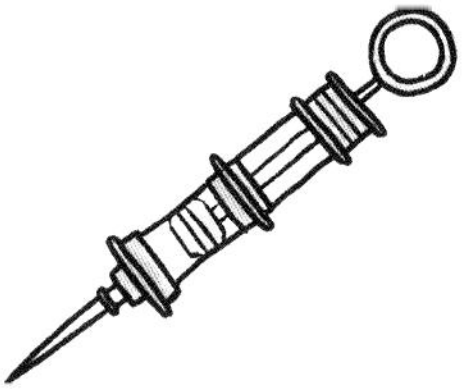

スコットランドの医者ウッドが、皮膚《ひふ》を貫通《かんつう》する細い針を付けた、操作《そうさ》しやすいピストン式の注射器を発明した。

1895年 X線を発見

ドイツの物理学者レントゲンが、体の中をすかして、内臓や骨をみることができるX線を発見し、X線画像の撮影《さつえい》にも成功。まもなく医療用のX線装置が作られ、さまざまな症状の診断に用いられるようになった。

古代ローマ 外科用器具が発達

古代ローマ時代には、さまざまな外科手術が行われていたため、外科用のメスやはさみ、カテテルなどが作られていた。

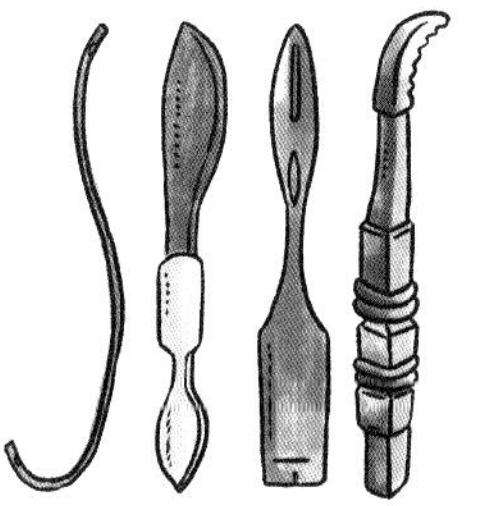

1980年

MRI《エムアールアイ》が医療に活用される

体の中の水分を構成する水素原子に電磁波をあてて得た信号から断層《だんそう》画像を作るMRI装置というマシンが医療に用いられる。

1950年

胃《い》カメラを開発

オリンパス光学工業が、撮影レンズのついた管を通して胃の中を映し出す胃カメラを開発する。これにより、胃がんの早期発見が可能になった。

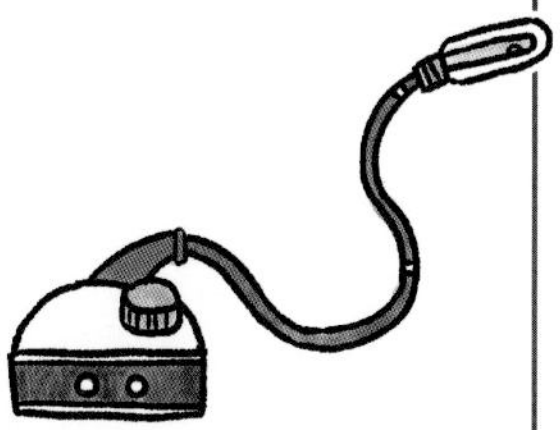

1903年

心電計を開発

オランダの生理学者アイントホーフェンが、実用的な心電計を開発。心臓の活動の様子を心電図としてグラフで示した。

2000年

1973年

CT《シーティー》スキャナを開発

1972年に発表された技術を用いて、体のあらゆる角度からX線をあて、コンピュータ処理によって再構成し、画像化するCTスキャナが開発される。

1999年

手術支援《しえん》ロボットを開発

アメリカで手術支援ロボットである「ダヴィンチ」が開発される。ロボットが医師の動きを正確に再現することで、遠隔《えんかく》手術を可能にした。

1899年

除細動器《じょさいどうき》を発明

スイスの生理学者プレボーとバタリが電気刺激《でんきしげき》で心臓《しんぞう》が正常なリズムに戻ることを発見。1947年にアメリカではじめて人体に使用し、成功した。

いろいろな医薬品

薬を効果的に使うには、口から入れたり、皮膚《ひふ》から入れたり、注射《ちゅうしゃ》して直接体内に入れるなど、体の決まった場所から入れる必要がある。そのため、薬にはさまざまな形がある。

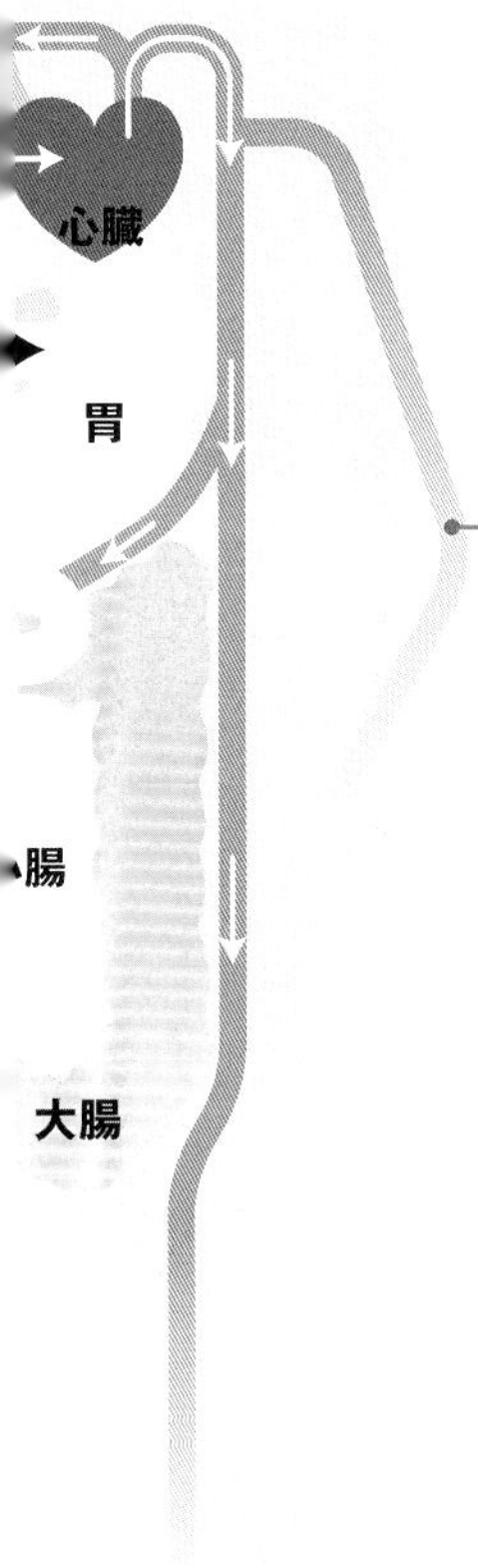

目から入れる

点眼剤は、まぶたの裏《うら》の「結膜嚢《けつまくのう》」という袋《ふくろ》にたまって、少しずつ目の奥へしみこんで効く。

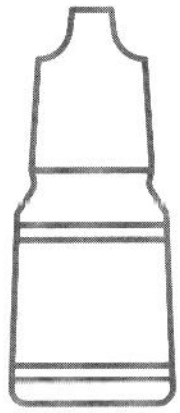

鼻から入れる

鼻から入れる点鼻剤は、直接鼻に作用させるほか、鼻の中にある血管を通して全身に薬を運ぶ場合もある。

血管から入れる

注射剤は針を通して皮膚《ひふ》や筋肉《きんにく》、血管に入る。すぐに全身にまわるので内用液剤より効き目が早い。

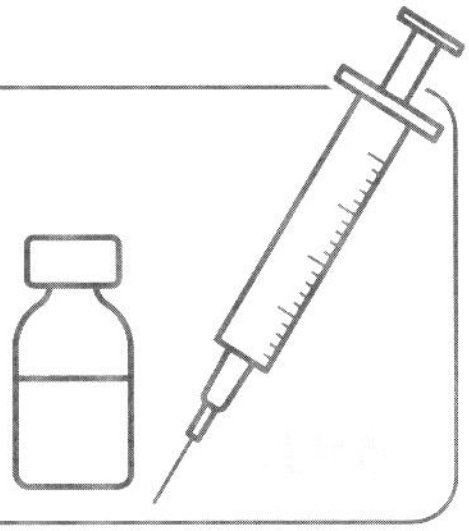

飲み薬の流れ

口から入れた飲み薬の多くは、胃《い》を通って腸《ちょう》で吸収され、「門脈《もんみゃく》」という血管を通って肝臓《かんぞう》にいたり、体の外に排出《はいしゅつ》しやすいように処理（代謝《たいしゃ》）される。代謝されなかった薬は血液とともに心臓にむかい、全身をめぐり、患部にとどく（分布）。残った薬は体外へ排出される。

飲み薬が体をめぐる主な経路

薬を飲む
↓
胃《い》
↓
腸《ちょう》
↓ 血液
肝臓《かんぞう》
↓ 血液
心臓《しんぞう》
→ 血液
患部《かんぶ》で作用
↓ 血液
肝臓《かんぞう》
↓ 血液
腎臓《じんぞう》
↓
尿
↓
体の外へ

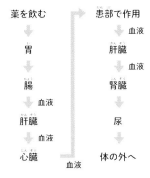

口から入れる

（飲み込む）

飲み薬には、さまざまな形がある。症状《しょうじょう》や患部《かんぶ》の位置、患者の飲み込む力やのどの大きさなどに合わせて、適切《てきせつ》な形が選ばれる。

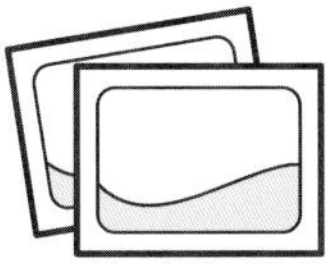

散剤《さんざい》（粉薬《こなぐすり》）

顆粒剤《かりゅうざい》

シロップ剤《ざい》

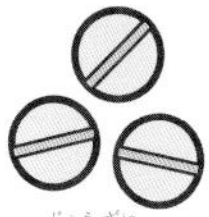

錠剤《じょうざい》

カプセル剤《ざい》

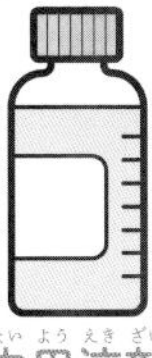

内用液剤《ないようえきざい》

口から入れる

（飲み込まない）

トローチ剤や舌下錠《ぜっかじょう》など。例えばトローチ剤は、口の中で溶《と》けて、口やのどの痛《いた》みやはれをおさえる。

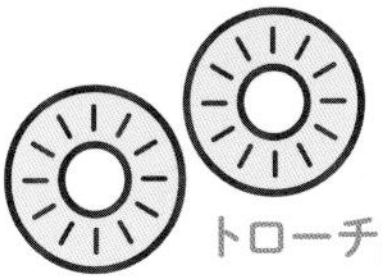

トローチ剤《ざい》

口から入れる

（吸い込む）

吸入剤は、直接気管や肺《はい》の粘膜《ねんまく》に吸収させ、肺や気管支の病気の治療や症状をおさえる目的で使われることが多い。

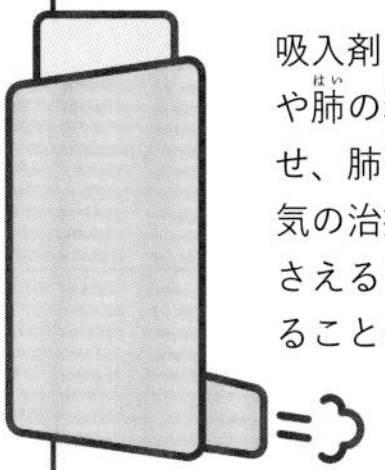

吸入剤《きゅうにゅうざい》

皮膚《ひふ》から入れる

外用液剤やぬり薬は、皮膚や粘膜からしみこみ、その部分で効く。一部は血管までしみこむ。

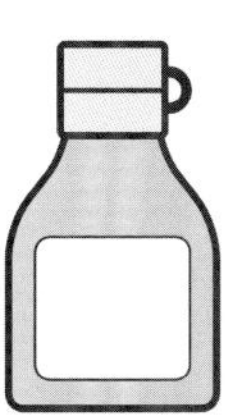

外用液剤《がいようえきざい》

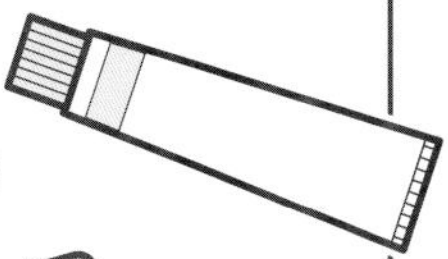

塗布剤《とふざい》（ぬり薬）

貼付剤《ざい》（はり薬）

肛門《こうもん》から入れる

坐剤《ざざい》は肛門から入れると、体温や分泌液《ぶんぴつえき》でとけて、薬の成分が粘膜《ねんまく》に吸収される。

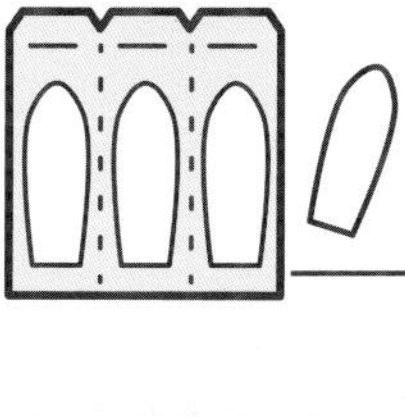

坐剤《ざざい》

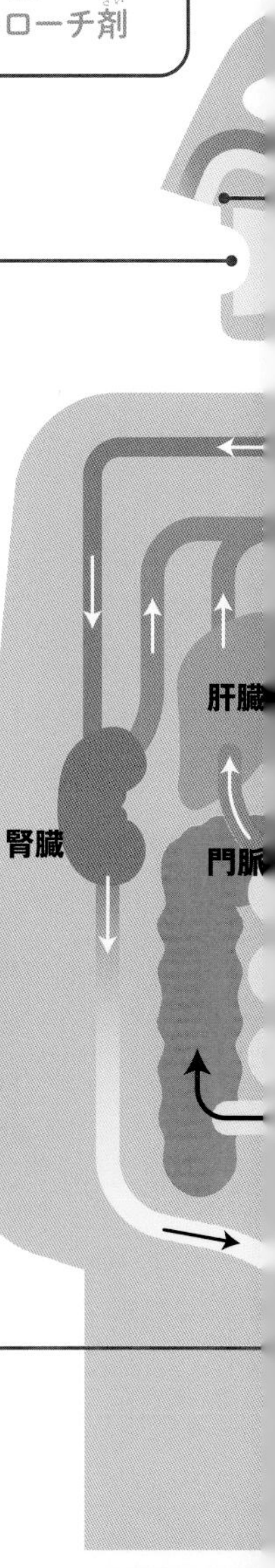

薬ができるまで

1つの薬を作るには、さまざまな分野の専門家がかかわり、いくつもの試験を重ね、莫大《ばくだい》な費用と10年から15年、長い場合には20年という長い年月が必要となる。薬ができるまでの代表的な流れを順番に見てみよう。

2~3年

① 病気に効く物質を探す

はじめに、どのような病気の症状を治したいのかを考え、その病気に効く物質（有効成分）を探す。さまざまな物質のデータや、新たに植物や微生物を調べて有効成分を探す。いくつかの有効成分を集めたら、安全性などを試験して、しぼり込みを行う。

3~5年

候補となった有効成分を薬として使えるように、動物などを使った試験を通して改良していく。どのくらいの量を使えば効き目がでるのか、どのような方法で使うのがよいのか、どのような温度や湿度でとけるか、どのような副作用があるか、体のはたらきや細胞、遺伝子への影響はないか、薬が体内でどのように吸収されるのか、などを試験によって確かめる。

❸ 効き目や安全性を確かめる

3~7年

薬ができると、厚生労働省《こうせいろうどうしょう》の認可《にんか》のもと、人を対象とする試験（治《ち》験《けん》）を行う。治験には何段階かあり、最初に健康な成人数名を対象に、薬が人体に悪い影響《えいきょう》がないかをみる。次に、実際に病気をもっている人を対象に、どれくらいの量を使えばよいかを調べる。最後に対象人数を増やし、ほかの薬よりも優れた点があるのかを調べる。

❹ 国が審査《しんさ》する

約1年

治験《ちけん》が終わると、そのデータを厚生労働省に提出し、薬として広く用いることができるかどうかを審査してもらう。医学や薬学の専門家が集まる「薬事・食品衛生審議《えいせいしんぎ》会《かい》」の審議が行われ、最終的に厚生労働大臣が薬として承認するかどうかを決定する。

完成

❺ 販売する

薬として承認されると、価格が決まり、販売となる。薬が販売されたあとも、実際に薬を使った人のデータを集め、改良をつづける。

❻ ジェネリック医薬品になる

新薬ができて一定期間すぎると、別の会社が同じ有効成分･同じ量で開発したジェネリック医薬品を販売できる。価格は新薬より安い。

すごい！ノーベル生理学・医学賞

毎年発表される「ノーベル生理学・医学賞」を見ていくと、20世紀以降の医学の発展に貢献《こうけん》した、すごい発見がならぶ。その代表的な発見を見てみよう。

※本文中の西暦年は、ノーベル賞の受賞年。

1908年 メチニコフ

免疫のメカニズムを提唱

体外から侵入《しんにゅう》した異物を消化する、細胞《さいぼう》の食作用を発見。食細胞説とよばれる免疫のメカニズムを唱えた。

1901年 ベーリング

血清療法を研究

抗体《こうたい》のできた血液の一部を使って病気を治す血清療法の研究を北里柴三郎《きたさとしばさぶろう》との共同研究で行った。

1900年

他人の血液を混ぜたときの血液のかたまり方から、血液には種類があることを発見。この発見により、輸血《ゆけつ》時の死亡事故が劇的《げきてき》に減った。

犬のだ液分泌《ぶんぴつ》には、条件反射という現象があることを発見。この実験のことを「パブロフの犬」と呼ぶ。

世界初の抗生物質ペニシリンを発見する のちにフローリーとチェインが治療薬として実用化した。

結核の病原体である結核菌を発見。結核の原因は栄養失調などといわれていたが、結核菌が原因とわかった。

1987年 利《と》根《ね》川《がわ》 進《すすむ》

抗《こう》体《たい》多《た》様《よう》性《せい》の謎《なぞ》を解明

体外から侵入《しんにゅう》した異物にあわせて抗体を作る、免疫《めんえき》細胞（リンパ球のB細胞）の抗体多様性の謎を解明した。

1962年 ワトソンとクリック

DNAの分《ぶん》子《し》構《こう》造《ぞう》を発見

細胞内のDNAが「二重らせん構造」をしていることを発見する。これをきっかけに、生命の本質に迫《せま》る生物学や医学のみならず、バイオテクノロジーなどの学問が爆発的《ばくはつてき》に発展した。

2015年 大《おお》村《むら》 智《さとし》

抗《こう》寄《き》生《せい》虫《ちゅう》薬《やく》を開発

静岡のゴルフ場の土の中から新たな細菌を発見。この細菌が生産する成分をもとに、熱帯の寄生虫が原因で起きる病気の治療薬「イベルメクチン」を開発する。

2000年

1990年 トーマス

骨《こつ》髄《ずい》移《い》植《しょく》の手法を確立

白血病患者に対する骨髄移植を世界ではじめて実施し、その手法を確立。多くの難病の治療を可能にした。

2016年 大《おお》隅《すみ》良《よし》典《のり》

オートファジーの仕組みを解明

体の細胞の中で不要になったタンパク質などを分解し、エネルギーとして使う「オートファジー」の仕組みを明らかにした。

2018年 本《ほん》庶《じょ》 佑《たすく》

がん免《めん》疫《えき》療《りょう》法《ほう》を開《かい》発《はつ》

免疫《めんえき》のはたらきにブレーキをかけるタンパク質を発見。このブレーキを外し、免疫のはたらきを強めてがんを治療する、がん免疫療法を確立した。

2012年 山《やま》中《なか》伸《しん》弥《や》

iPS細胞を発見

通常、成熟《せいじゅく》した体細胞は他の細胞になることはないが、その細胞に4つの遺伝子を入れると、さまざまな組織の細胞になれる、多能性幹細胞になることを発見した。この細胞は「iPS細胞」と呼ばれる。

世界で活躍した医師・看護師

自分の国を出て、世界で活躍した医師や看護師がいる。留学《りゅうがく》をして医学を学び、治療《ちりょう》や研究をした者もいれば、戦地で治療や看護にあたった者もいる。

高峰譲吉《たかみねじょうきち》

1890年 渡米

1900年
アドレナリン
を抽出

シカゴ

ニューヨーク

鈴木梅太郎《すずきうめたろう》

1901年にベルリン大学に留学したのちに1906年に帰国。1910年にコメの研究中、ビタミンを発見し、脚気《かっけ》の治療に役立てる。

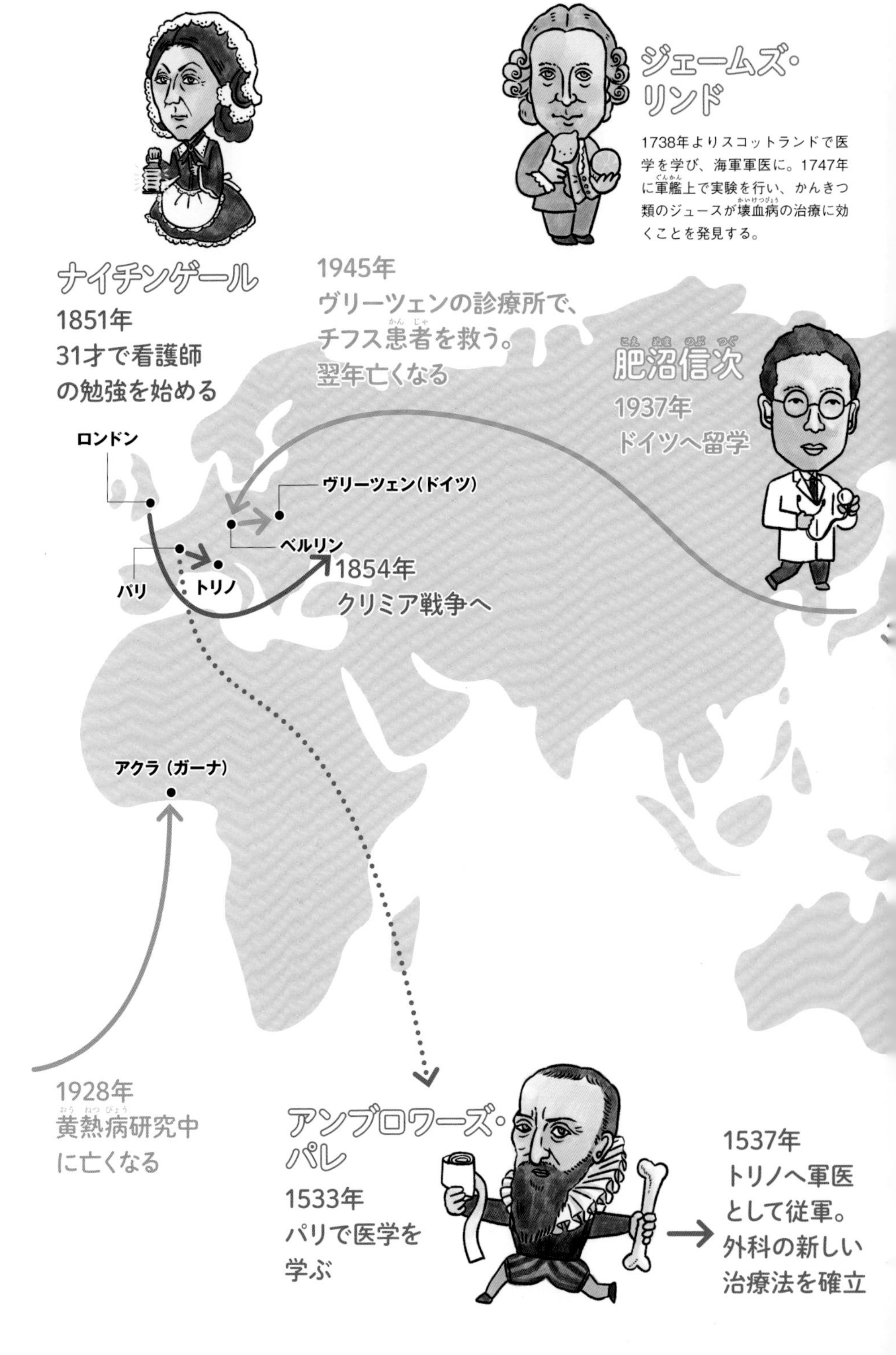
ジェームズ・
リンド
1738年よりスコットランドで医学を学び、海軍軍医に。1747年に軍艦《ぐんかん》上で実験を行い、かんきつ類のジュースが壊血病《かいけつびょう》の治療に効くことを発見する。
ナイチンゲール
1851年
31才で看護師
の勉強を始める
1945年
ヴリーツェンの診療所で、
チフス患者《かんじゃ》を救う。
翌年亡くなる
肥《こえ》沼《ぬま》信《のぶ》次《つぐ》
1937年
ドイツへ留学
ロンドン
ヴリーツェン（ドイツ）
ベルリン
パリ
トリノ
1854年
クリミア戦争へ
アクラ（ガーナ）
1928年
黄熱病《おうねつびょう》研究中
に亡くなる
アンブロワーズ・
パレ
1533年
パリで医学を
学ぶ
1537年
トリノへ軍医
として従軍。
外科の新しい
治療法を確立

病院のしくみ

地域の総合病院には、たくさんの診療科があり、医師をはじめとする さまざまな医療従事者が働いている。各診療科ではどんな患者を診《み》て、どんな病気に対応しているのか、代表的な診療科を見てみよう。

内科

熱や腹痛などの病気が疑われる場合に診察するのが内科。全身の状態を調べて、薬などで治療するならそのまま内科に通院。病気に応じて他の診療科を紹介する。

内科が薬による治療を専門としているのに対し、外科では手術による治療を専門的に行う。主に消化器や心臓、血管などを診察し、必要な場合は手術を行う。

病気や怪我によって身体に障害のある人に、「座る・立つ・歩く」などの基本動作能力の回復と維持を目的に、運動療法や理学療法を行う。

先天的な異常や、病気や怪我などによってできた身体表面の障害を改善・治療する。頭・顔面を含めた体全体を治療対象とする。

外科の中でも、骨や軟骨、筋、靭帯、神経など体を動かすために使う組織の症状や外傷を専門的に診察し、治療を行う。年齢にかかわらず、すべての人が対象。

脳神経外科《のうしんけいげか》

脳や脊髄《せきずい》、神経を専門とし、手術による治療も行う診療科。脳卒中《のうそっちゅう》などの脳血管障害《のうけっかんしょうがい》、頭部外傷、脳腫瘍《のうしゅよう》などを診察し、必要な場合は手術を行う。

放射線科《ほうしゃせんか》

放射線科には、X線写真やCT、MRIなどの画像を見て病気を見つける「放射線診断医」や、放射線を使ってがんなどの病気を治療する「放射線治療医」がいる。

心療内科《しんりょうないか》

ストレスや精神的な原因によって体調をくずしたときに受診《じゅしん》する。うつ病や神経症性障害など、心の病を診察・治療。症状によって薬物療法や精神療法を行う。

泌尿器科《ひにょうきか》

尿《にょう》を作り体外に排出《はいしゅつ》するための器官を泌尿器（腎臓《じんぞう》・尿管《にょうかん》・膀胱《ぼうこう》・尿道《にょうどう》）という。この泌尿器の病気を診《み》るのが泌尿器科。年齢《ねんれい》・性別を問わず診察する。

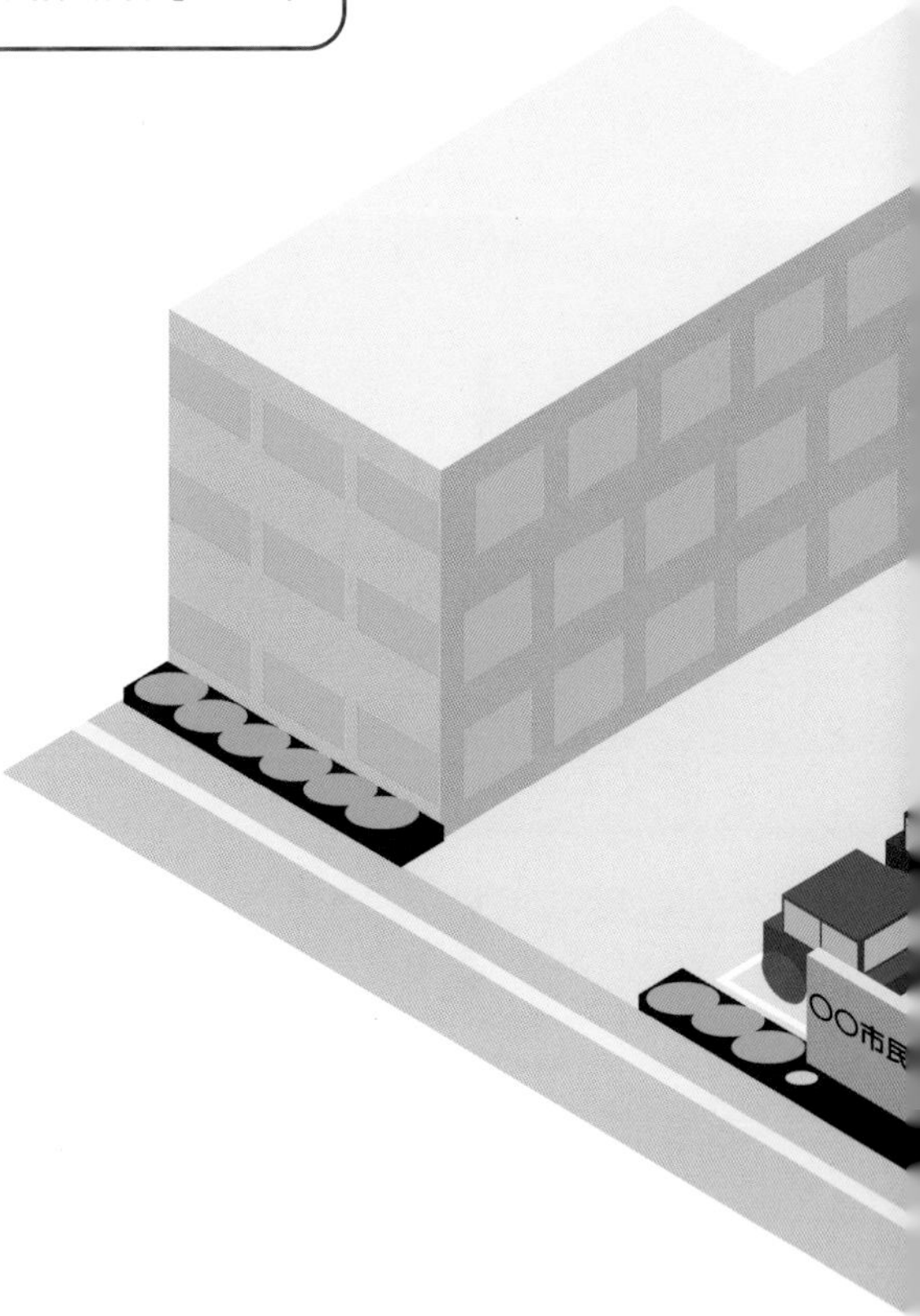

皮膚科《ひふか》

皮膚に異常があるときに受信するのが皮膚科。皮膚科医が診察・治療を行う。アトピー性皮膚炎や湿疹《しっしん》、かぶれのほか、口内炎《こうないえん》や舌《した》の異常も皮膚科で対応する。

産科・婦人科

産科は妊娠《にんしん》して出産する人を診《み》る。婦人科は、女性のための診療科。女性特有の病気について診察・検診・治療を行う。産婦人科は、両方を兼《か》ねている。

小児科

子どものための診療科。発熱、咳《せき》、嘔吐《おうと》、下痢《げり》など、子どもの症状に対する治療を行う。予防接種《よぼうせっしゅ》や乳児健診も行う。病気によっては他の診療科を紹介する。

人類と感染症の歴史

人類は大昔から原因不明の感染症に悩《なや》まされてきた。ここ200年ほどの間に原因の解明が進み、ワクチンや治療薬が開発されている。ただ、感染症との闘《たたか》いは今も続いている。

感染症《かんせんしょう》との闘い始まる

人類の誕生と同時に、さまざまな感染症との闘いが始まった。最古の記録では、紀元前５世紀のギリシャで感染症が広まり、７～10万人の死者が出た。日本でも８世紀に天然痘《てんねんとう》が流行した。

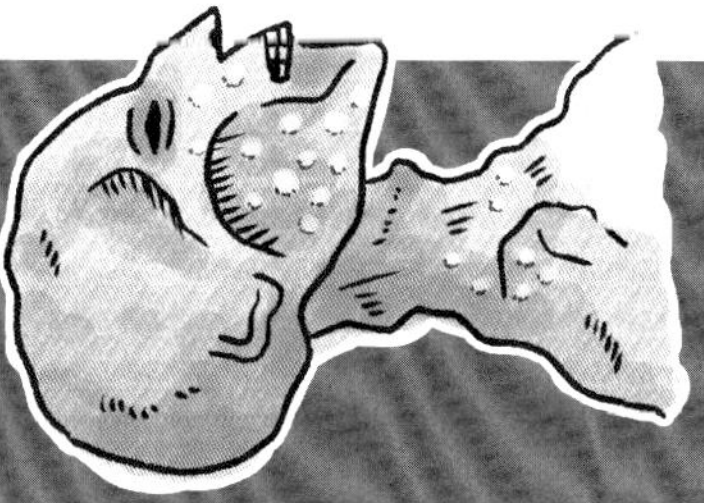

人類の誕生

1400年

14世紀頃

ヨーロッパでペストが大流行

ヨーロッパでペストが大流行。ペストにかかると体中に黒い斑点《はんてん》ができて死んでいくので「黒死病《こくしびょう》」と恐《おそ》れられた。ヨーロッパ全人口の３割以上が死亡したといわれる。

16世紀頃

新大陸《しんたいりく》で天然痘《てんねんとう》が大流行

コロンブスがアメリカ大陸に上陸したのをきっかけに、ヨーロッパから天然痘がもたらされる。感染が拡大《かくだい》し、半世紀ほどの間に先住民の人口は8000万人から1000万人に減少した。

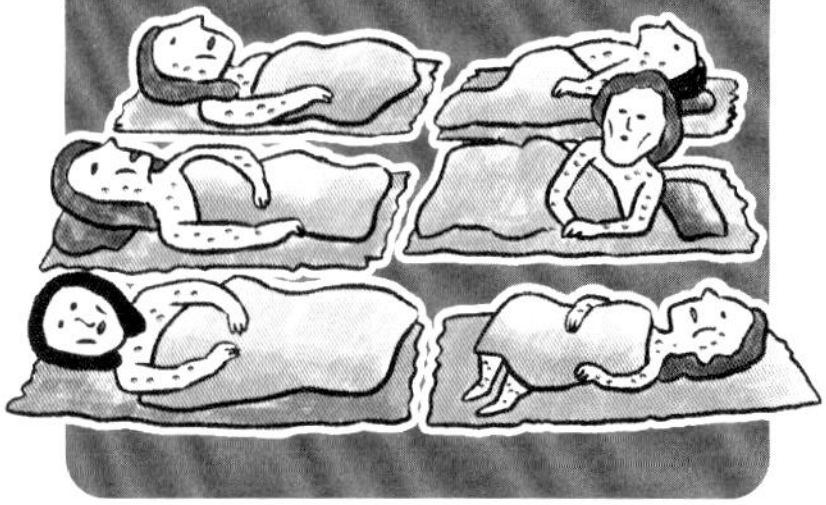

1800年　1700年　1600年

1796年

ジェンナーが天然痘《てんねんとう》ワクチンを開発

イギリスの医者ジェンナーが、牛痘にかかった人にできる水ぶくれの中の液体を接種することで、天然痘の予防になることを証明する。天然痘ワクチンを開発した。

1881年

パスツールが炭疽《たんそ》病のワクチンを開発

ドイツの細菌学者コッホが、炭疽病の病原体である炭疽菌を発見。フランスの細菌学者パスツールが、炭疽病のワクチンを開発した。

1882年

コッホが結《けっ》核《かく》菌《きん》を発見

コッホが、結核の病原体である結核菌を発見する。結核の原因は栄養失調などといわれていたが、結核菌を原因とする感染症の１つだとわかった。

1883年

コッホがコレラ菌《きん》を発見

コッホは、ドイツ調査団を率いてエジプトとインドで調査を行い、コレラの病原体であるコレラ菌を発見する。

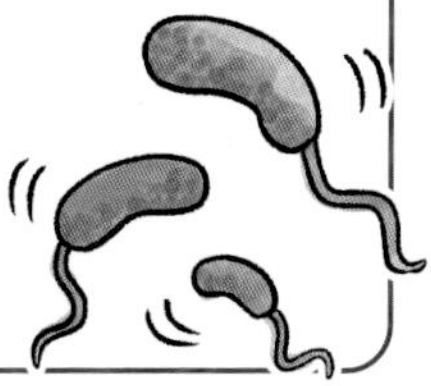

1885年

パスツールが狂犬病《きょうけんびょう》のワクチンを開発

狂犬病は、イヌや人間などにうつる感染症として恐れられていたが、パスツールは、狂犬病のワクチン開発に成功。狂犬病のイヌにかまれた人を救った。

1894年

北里柴三郎《きたさとしばさぶろう》がペスト菌《きん》を発見

ドイツのコッホのもとで学んだ細菌学者の北里柴三郎が、ペストの流行する香港《ホンコン》に入り、ペストの病原体であるペスト菌を発見する。

1898年

“ウイルス”の概念《がいねん》を確立

オランダの微生物学者ベイエリンクが、細菌よりも小さな病原体を「ウイルス」とよぶ。ウイルスは生物と非生物の間の存在で、他の生物に感染して増える。

WHO（世界保健機関）が、天然痘の世界根絶宣言を行う。ジェンナーの開発した天然痘ワクチンが効果を発揮した。天然痘は、人類が根絶できた唯一の感染症である。

イギリスで活躍した細菌学者フレミングが、世界初の抗生物質ペニシリンを発見。抗生物質は、感染症の原因となる細菌の増殖をおさえるはたらきがある。1940年に治療薬として製剤化。

2019年～

新型コロナウイルス感染症が大流行

中国で発生した新型コロナウイルス感染症が、またたく間に世界に拡大。WHOは世界的大流行「パンデミック」を表明した。

2000年

フランスのパスツール研究所が、ヒト免疫不全ウイルス（HIV）を発見する。感染すると体の中の免疫機能が異常をきたし、病気にかかりやすくなる。

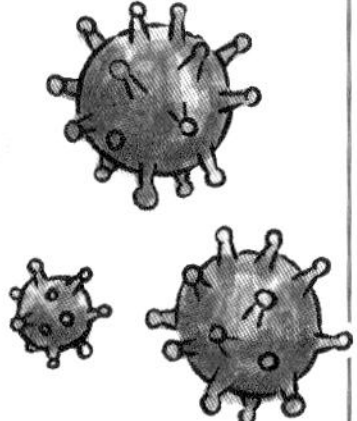

1918年

スペインかぜが大流行

スペインかぜが世界的に流行。世界の人口の４分の１程度にあたる５億人が感染し、死者数は1700万人から2500万人にのぼったと推計される。

2002年

SARSが流行

重症急性呼吸器症候群《しょうこうぐん》（SARS）がアジアを中心に流行する。WHOは発生から８ヵ月で封《ふう》じ込《こ》めを宣言。その間、約8500人の患者が発生し、約800人が死亡した。

アメリカの科学者ワックスマンとシャッツが、結核菌を撃退する抗生物質ストレプトマイシンを発見する。結核の薬として使われていたペニシリンよりも、ずっと強い効き目があった。

科学の先駆者たち

2

病気と闘った人々

Gakken

目次

科学の先駆者たち

❷ 病気と闘った人々

［執筆］
・全話：沢辺有司

科学監修 ——— 小野田淳人

表紙イラスト ——— Minoru
巻頭記事イラスト — 蟹めんま、小林哲也
表紙デザイン ——— arcoinc
巻頭記事デザイン — 内田睦美
編集 ——— 原郷真里子
編集協力 ——— 株式会社ライブ（竹之内大輔、畠山欣文）、沢辺有司、岩崎美穂、相原彩乃、飯塚梨奈、黒澤鮎見、館野千加子、宿里理恵
DTP ——— 株式会社四国写研

［内容に関する注意・補足］

◆エピソード・セリフ・描写について
・本書で描かれたエピソードには、諸説ある場合があります。
・また、それらの中の登場人物のセリフなどは、実際に発言したものや、その口調などを再現したものではありません。
その人物の性格やエピソードをわかりやすくするために、脚色して描かれています。
・複数のエピソードを一つにまとめたり、物語の流れや人物の特徴を分かりやすくするために脚色したりしている場合があります。
・科学的な事象や実験・研究の詳細等については、物語を分かりやすくするために、一部を省いたり、簡単に言い換えたりしている場合があります。
・物語に登場する手紙や著書の文章は、原文をそのまま訳したものではなく、一部を省略したり平易な言葉に言い換えたりしている場合があります。

◆名前・地名について
・人物の名前が複数ある場合、一般的によく知られている名前を採用し、必要に応じてその他の名前を補足しています（その人物の人生の中で、またその名で呼ばれていなかった場合や、関係性の中での呼称なども、読者の混乱を避けるため、「一般的によく知られた名前や呼び名」で表記している場合があります）。
・人物の名前は、教科書などで採用されている表記を採用している場合が多数ですが、その原則にのっとらない人物名表記もあります。
・地名の表記については、一般的によく知られているものを採用し、必要に応じてその他の名前を補足しています。

◆生没年・年月日・年齢について
・人物の生没年については、諸説ある場合がありますが、一般的によく知られているものを採用しています。
・年号は西暦で表しています。月日については、明治5（1872）年12月の改暦よりも前の日本国内におけるできごとについては「旧暦」の月日を用い、それ以降は「新暦」の月日で表します。
・明治5（1872）年12月の改暦よりも前に生まれた日本人の年齢については、「数え年」で表しています。一方、改暦以降に生まれた人物については、生没年月日がわかる範囲で、没年を「満年齢」で表しています。また、没年以外の年齢については、年表をより簡略化するために、その年の誕生日を迎えたあとの「満年齢」で表しています。

◆旧国名・旧地名・藩などの地域について
・旧国名・旧地名・藩などの示す地域については、必要に応じて（　）内や欄外に、今の地名や地域を補足しています。
ただしその範囲は、必ずしも完全に一致するとは限りません。

◆その他
・その他、内容の理解を助けるのに必要な事項を、（　）内等に適宜補足しました。
・用字や用語の表記は、発話者の年齢や感情で使い分けている場合があり、また、執筆者の意図をくみ、統一していない箇所があります。

プロローグ
医学をめぐる旅のはじまり

ヒポクラテス

「あっ……！」

夕刻《ゆうこく》、眠《ねむ》っていた老人が突然《とつぜん》むくりと身を起こした。

「どうされました？」

患者《かんじゃ》たちのあいだを巡回《じゅんかい》していた神官が立ち止まり、ゆっくりと振《ふ》り返《かえ》る。

「ゆっ、夢の中にあらわれた……」

老人の声は震《ふる》えていた。

「ほう、何が？」

「……神です。医学の神、アスクレピオスです」

老人は原因不明の足の痛みに悩《なや》まされ、１週間前からこの神殿《しんでん》に寝泊まりしながら療養《りょうよう》している。

「うむ。……して、神はなんと？」

「それが、何もおっしゃらないのです。杖《つえ》を持ち、穏《おだ》やかにこちらを見つめて立っておられるだけで……」

「そうか。アスクレピオスの杖には、ヘビが巻《ま》きつけられていたな？」

「……はっ、はい」

「それなら、そのヘビがそなたの足の痛みを癒《い》やしてくれるということじゃ」

「……ヘビが、ですか？」

神官は小さくうなずくと、自分の杖に巻きつけたヘビの抜《ぬ》け殻《がら》を突《つ》き出《だ》し、老人の赤く腫《は》れ上《あ》がった足をなでた。それが、ここでの「治療《ちりょう》」だった。そんな治療がしばらく続いた。

神殿は、海から少し離れた小高い丘《おか》の上にある。治療のあいだ、ときおり潮《しお》の香りのまじった海風が吹き抜けていった。

「よいだろう。あとは、温泉につかり、食事を十分にとりなさい。そして、神に感謝することだ」

「……あっ、ありがとうございます」

老人は頭《こうべ》をたれ、ふところから1枚の銀貨を取り出し、神官に差し出した。それから、器用に杖をついて温浴施設のほうへ歩いていった。

「また、ヘビの力だ……」

神殿の列柱《れっちゅう》のかげから、その一部始終をのぞいていた少年がいた。神官の息子《むすこ》、ヒポクラテスである。

「あのヘビに、なんの力があるんだろう……」

いつか聞いてみたいと思っていたが、その疑問《ぎもん》を口にしたことはなかった。それを聞いてはいけないということは、子どもながらに分かっていたからだ。だが、ヒポクラテスは、もはやその旺盛《おうせい》な好奇心《こうきしん》を抑《おさ》えることができなかった。

ヒポクラテスはその場をそっと立ち去ると、母のもとへ一目散《いちもくさん》に駆《か》けていった。

「父さんが、またヘビを使ったよ！」

「……そう。患者《かんじゃ》さんの痛みが消えるといいわね」

母は炊事《すいじ》の手を止めずにそう言った。返事がないので振り返ると、顔を真っ赤にした息子が立っていた。

「どうしたの？　そんな顔して」

「ほんとうは、ヘビにはなんの力もないんだ！　そうでしょ？」

甲高《かんだか》い声が石造《いしづく》りの壁《かべ》に反響《はんきょう》した。

「ほんとうのことを教えてよ！」

母はぬれた手を拭《ふ》き、息子の両肩《りょうかた》に置いた。

「落ち着きなさい」

「……」

「いいこと。アスクレピオスは医学の神様ですよ。神様のヘビには、病気やケガを治す特別な力があるの。わかるでしょ」

だがそれは、ヒポクラテスにとって、いちばん聞きたくない答えだった。

「ウソつき！」

ヒポクラテスはそう言うと、母の手を振《ふ》り払《はら》って外へ飛び出した。

「……なんで、ほんとうのことを教えてくれないんだ」

丘を駆《か》けおり、草原を横切り、転げ落ちるように海岸の砂浜に倒《たお》れこむ。仰向《あおむ》けになり、呼吸《こきゅう》を整えた。恐《おそ》ろしくなるほど大きな空が、目の前に迫《せま》ってきた。

——神に感謝しなさい。父さんも母さんも、みんなそう言う。病気が治るのは、アスクレピオスのおかげだとみんな信じている。でも、ぼくは信じない。

ヒポクラテスはそう思うのだった。

ヒポクラテスは、紀元前４６０年ころ、エーゲ海に浮《う》かぶ小さな島、コス島に生まれた。コス島は小アジア（現在のトルコ）にほど近い、ギリシャの島である。

ヒポクラテスのそばには、つねに神の存在があった。彼の家系は、医学の神アスクレピオスの子孫とされ、この神をまつる神官を代々務めていたからだ。

「あなたはアスクレピオスの19代目の子よ」

母は、繰《く》り返《かえ》し彼にそう言った。

ヒポクラテスが少年の頃は、父と伯父《おじ》がアスクレピオスをまつる神殿《しんでん》の神官を務めていた。二人は医者として患者《かんじゃ》の治療《ちりょう》にもあたった。

病気やケガをした患者は、毎日、途切《とぎ》れることなくやってきた。

父たちは、患者のためにアスクレピオスに祈《いの》り、供物《くもつ》をささげ、悪魔払《あくまばら》いを行い、呪《のろ》いを解く。

そして、患者の夢の中にアスクレピオスがあらわれると、そのお告《つ》げの意味を読みとき、治療方法を授けた。ほとんどの患者は、宿泊施設で温泉につかったり、運動をしたり、栄養のある食事をとったりして、しばらく療養生活を送ると、元気を取《と》り戻《もど》して帰っていくのだった。

「あなたも医者となって、患者《かんじゃ》さんのために尽《つ》くすのよ」

母はことあるごとにそう言い聞かせた。ヒポクラテスは、その定められた運命を受け入れざるをえなかった。

大人になるにつれ、彼は父からさまざまな手ほどきを受けた。脱臼《だっきゅう》の治療法や、傷口に熱した鉄をあてる消毒法、腹痛にきく薬草の煎《せん》じ薬の作り方などだ。

父は医者として、患者がいるところにはどこへでも出かけた。コス島だけではなく、エーゲ海の島々をあちこちまわった。ヒポクラテスも、そんな父について旅をしながら、医者としての修業を積んだ。

あるとき、近くの島の王に呼《よ》び出《だ》され、高熱で苦しむ王女の治療を行ったことがあった。父は煎じ薬を飲ませ、夜通し神に祈《いの》った。すると翌朝《よくあさ》には、王女はすっかり元気になっていた。

「あんなに熱があったのに、信じられない。そなたのおかげじゃ」

王が感謝すると、父はすかさず言った。

「ありがたきお言葉……。しかし、これもすべてアスクレピオス神のお力です。私ではなく、神に感謝くださいませ」

王は、「そうか」とうなずいた。

ヒポクラテスは黙《だま》って聞いていたが、「父の治療がよかったから、だから王女は治ったのです」と言いたかった。もちろん、そんなことは言えなかったが。

二人には豪勢《ごうせい》な食事が振《ふ》る舞《ま》われた。治療代を受けとると、父はヒポクラテスをつれて王宮をあとにした。

小さな船に乗り、急いでコス島をめざす。患者たちが、コス島で帰りを待っているからだ。秋の夕暮れは早く、西の空は赤々と輝《かがや》きはじめていた。ヒポクラテスは、その空の変化を黙《だま》って見つめている父に聞いた。

「なぜ王女は熱が出たのでしょうか？」

父の表情が一瞬《いっしゅん》くもった。

「病《やまい》というのは、神の罰《ばつ》や悪魔《あくま》の怒りによるものだ。王か王女が、何か小さな罪《つみ》を犯《おか》したのだろう」

「どうしてあの薬をほどこすと、熱が下がるのですか？」

「熱が下がったのは薬を飲んだからではない。神の怒りがおさまったからだ」

「……それでは、納得ができません」

「お前はまた屁理屈《へりくつ》を言うつもりか！」

父は、ヒポクラテスをじっとにらみつけた。ここのところ、彼と父は、こうした会話を何度もするようになった。

「……」

「よけいなことを考えるな。これまで教えたとおりの治療《ちりょう》をするのだ。そしてアスクレピオス神に祈《いの》るのだ。あとは神が治してくださる」

そう言うと、父は黙《だま》りこんだ。しかし、しばらくして意を決したように口を開いた。

「なぜ薬をほどこすと熱が下がるのか？　……なぜかは分からん」

「なぜか分からない？　なぜか分からないことをやっているのですか？」

「それが教えだからだ。我《わ》が一族に受《う》け継《つ》がれてきた治療法だからだ。それをお前にも授けた」

「……」

「お前の疑問《ぎもん》はもっともだ。じつは、わしも悩《なや》んだことがある」

「父上が？」

「しかし、我々《われわれ》はなぜかを考えてはいけない。神に祈《いの》り、患者《かんじゃ》が元気になればそれでよいのだ。それが我々の使命なのだから」

答えは教えてもらえなかったが、ヒポクラテスは嬉《うれ》しかった。

父の心のうちを初めて聞いたからだ。しかし、それはつらいことでもあった。父の心の痛みにふれてしまった。これ以上聞いてはいけない。

「父上、わかりました。……ありがとうございます」

太陽はすでに沈《しず》んでいた。暗い海の向こうに、コス島の港の明かりが見えてきた。

「自分で調べるしかない」

ヒポクラテスはそう考えた。

「病気は、神の罰《ばつ》や悪魔《あくま》の怒りなんかで起きるものではない。では、人々はなぜ病気を神の怒りと考えるのだろう？」

彼は、これまで見た病気を思《おも》い浮《う》かべた。

ヒポクラテスが生きていた時代、神の存在は大きかった。病気にかぎらず、地震《じしん》や雷鳴《らいめい》、日食などあらゆる自然現象が、「神の力で起きている」と信じられていた。しかし、そうした考えを疑《うたが》う人もいた。

小アジア、イオニア地方の学者たちだ。

「イオニアの学者たちは、自然現象は神の力で起きるのではなく、なにか違う原因があって、きちんと説明できるものではないかと考えているらしい」

イオニア地方の学者たちが始めたこうした学問は、「イオニア自然学」と呼《よ》ばれる。やがて、これがもととなってギリシア哲学《てつがく》が生まれ、ソクラテスやプラトン、アリストテレスといった哲学者が登場した。

「イオニアの学者たちと同じことを医学で行おう。病気は、神の罰《ばつ》や悪魔《あくま》の怒りなんかではない。原因をきちんと説明できるはずだ」

ヒポクラテスは決意を固めた。

まもなく、ヒポクラテスにエジプト留学《りゅうがく》のチャンスが訪れた。エジプトはコス島からそう遠くはない。地中海を船で数日行ったところにある。

コス島の医者たちは、エジプトに留学することが習わしとなっていて、現地の医者と知識や技術を教えあい、互《たが》いの医学の発展をはかっていた。

エジプトでヒポクラテスが何よりも驚《おどろ》いたのは、薬の種類の多さだった。

「いろいろな薬草を組み合わせて飲み薬やシロップ、煎《せん》じ薬をつくり、それらを服用させて病気を治します。これは腹痛を治すための薬、これは解熱《げねつ》のための薬……」

エジプトの医者は自慢《じまん》げに説明した。

「それぞれの症状《しょうじょう》に対応した薬があるんですね」

「そうです」

「それはどうやって見つけたんですか？」

「わかりません。昔からの言い伝えですから」

さまざまな薬を使い分けているエジプトの医者も、それぞれの薬がどうして効《き》くのかまでは知らなかった。

ヒポクラテスは、それぞれの薬の作り方と処方《しょほう》の仕方を熱心に学びながら考えた。

「病気の原因が分かれば、なぜその薬が効くのかが分かるのではないか」

そして、エジプトを発《た》つ頃には、こんな直感も芽生《めば》えていた。

「薬によって病気が治ることは確かだ。でもそれはきっかけのようなもので、そもそも人間には病気を癒《い》やす力が自然に備わっているのではないか……」

「……神よ、助けてくれ」

それは恐《おそ》ろしい光景だった。

一人の老人が激しい咳《せき》に苦しみもだえたかと思ったら、あっというまに道の真ん中で息絶えた。その老人だけではない。通りという通りが、死にかけた人たちのうめき声で埋《う》め尽《つ》くされていた。共通しているのは、彼らの手足に黒いあざができていたことだ。

身寄《みよ》りをなくした子どもたちは、行くあてもなく泣きながら辺りをさまよっていた。

「これがペストか……」

医者として独《ひと》り立《だ》ちしたヒポクラテスは、各地を旅しながら患者《かんじゃ》の治療《ちりょう》にあたっていた。大都市アテネにたどりついた時、ちょうどペストが大流行していて、毎日数えきれないほどの患者が命を落としていた。

「神の罰《ばつ》がくだった……」

人々はそう言って恐《おそ》れ、神に祈《いの》った。しかし、それで病がおさまることはなかった。

「ペストにもきっと原因があるはずだ。神の罰《ばつ》なんかではない」

ヒポクラテスが不思議に思ったのは、これだけペストが蔓延《まんえん》しているのに、ペストにかからない人たちがいることだった。

「ペストにかからない人たちの共通点を探ってみよう」

アテネの街を隅々《すみずみ》まで歩いてまわると、ある傾向《けいこう》が見えてきた。

「いつも火のそばで仕事をしている鍛冶職人《かじしょくにん》はペストになっていない。ペストは火に弱いのだろうか……それに、水がきれいで道路が掃除《そうじ》されている場所も、ペストが広がっていない。街の清潔《せいけつ》さが、病気の流行しやすさに関係しているのだろうか」

こうした調査をもとに、ヒポクラテスはアテネの住民たちに訴《うった》えた。

「火をたいて、ペスト患者のものは燃やしなさい。遺体《いたい》はもちろん、ペストにかかった人たちの服や食べ残しはすべて燃やしなさい。そして、みなさんは体をつねに清潔《せいけつ》に保つのです。家や道路をきれいに掃除しなさい。きれいな水を飲みなさい」

住民たちは、なぜ遺体の服まで燃やさないといけないんだ、なぜ家をきれいにするんだ、などと文句を言ったが、医者の言うことだからと、渋々《しぶしぶ》従った。すると、まもなくペストの流行は下火になっていった。

「あのコス島の医者の言うことは正しかった！」

それ以来、ヒポクラテスはアテネ市民から称賛《しょうさん》を浴《あ》びるようになった。

それから２０００年以上の時を経《へ》た１８９４年、ペストの原因であるペスト菌《きん》が発見された。発見者は、日本人の北里柴三郎《きたさとしばさぶろう》である。

ペストはネズミによって広まる病気で、ネズミを刺《さ》したノミに刺されることで、人間にも感染《かんせん》することが解明された。衛生状態《えいせいじょうたい》の悪い家や街にはネズミやノミが増えるが、衛生を保つことで、ネズミやノミを遠ざけることができる。だから、ヒポクラテスの助言は、理論的に正しいものだった。

ペストにかぎらず、多くの伝染病の蔓延《まんえん》を防《ふせ》ぐために、衛生を保つことは基本的な対策となる。ヒポクラテスは、そのことにいち早く気づいたのだ。

ところが、残念なことに、ヒポクラテスの見出したペスト対策は後世に伝わらなかった。そのためヨーロッパではペストの流行が幾度《いくど》となく訪れ、そのたびに神の罰《ばつ》だと恐《おそ》れられたのである。

やがてヒポクラテスは、コス島のプラタナスの古木の立つ海辺に診療所《しんりょうじょ》を構えた。診療所には島民だけではなく、ほかの島からも、評判《ひょうばん》を聞きつけた人がたくさんやってきた。

「人間はなぜ病気になるのか？」

診療所を訪れる患者のいろいろな症状を観察しながらも、ヒポクラテスの頭の片隅《かたすみ》には、つねにその問いかけがめぐっていた。

その日は、熱が下がらず、嘔吐《おうと》がとまらないという患者がやってきた。

「先生、吐き気《はけ》がとまらなくて苦しいんだ。助けてくれ」

「嘔吐するのは悪いことではありませんよ。体が悪いものを出そうとしているのですから。どんどん出してしまってかまいません」

そう言ったとき、ヒポクラテスの手が止まった。頭のなかでばらばらに散らばっていたアイデアがよりあわされ、1本の糸のように明快《めいかい》な答えとなって現れた。

「そうか！　やっぱり体液だ。それで説明がつく」

「体液がどうしたんですか？」

患者は驚《おどろ》いた顔をした。

「いや、なんでも……さぁ、これで楽になるはずですよ」

患者を手早く治療して帰すと、ヒポクラテスは弟子をつかまえ、堰《せき》を切ったように話しはじめた。

「私が長い間、病気の原因を探してきたことは知っているね」

「ええ、そうでしたね」

「ついに見つけたんだ。体液だ。病気の原因は、すべて体液で説明できるんだよ」

「どういうことですか？」

「まず、人間の体をつくっているものが体液だ。私の考えでは、人間の体には、血液、黄胆汁《おうたんじゅう》、黒胆汁《こくたんじゅう》、粘液《ねんえき》の４つの体液があるとみている。４つの体液は、自分が食べた食べ物からつくられ、体の中の熱のはたらきによって体の中を移動し、まざりあう。それぞれの体液のバランスがとれていれば健康でいられるが、バランスが乱《みだ》れると……」

「病気になるんですか？」

「そうだ。血液は春に強まり、黄胆汁は夏に強まり、黒胆汁は秋に強まり、粘液は冬に強まりやすい。いずれかの体液が強くなりすぎると、全体のバランスが乱れ、病気になる。体はその乱れを治すために、熱のはたらきによって悪いものを外に出そうとするのだ」

「それが嘔吐《おうと》や下痢《げり》、排尿《はいにょう》、発汗《はっかん》ということですね」

「うむ。ケガも同じだ。ケガをすると、出血し、炎症《えんしょう》を起こして膿《うみ》のような形で外に出される。このように発熱から化膿《かのう》まで、体に起きる症状《しょうじょう》はすべて、体が病気を治すためにやっていることなんだよ。人間の体はこれを自然にやっている。つまり、体には元々、そのような力が宿っているんだ」

弟子はうなずき、ヒポクラテスは腕組《うでぐ》みをして話を続けた。

「病気の原因が体液のバランスの乱れだと分かったなら、そのバランスを保つようにすればいい。たとえば、気温《きおん》や湿度《しつど》の急激な変化は危《あぶ》ない。体液のバランスががらりと変わるからね。食事の内容や量の変化も、体液のバランスが変わりやすい。だから、生活環境《せいかつかんきょう》は大切だよ。風通しや日当たりがよく、寒さと暑さ、乾燥《かんそう》と湿度《しつど》のバランスのいいところに住むといい。水や空気、土地がきれいなところもいい」

「たしかに、生活環境のいいところに住む人は、より健康な気がします」

「大事なことは、病気を治すことよりも、病気にならないように生活することかもしれない」

この日を境《さかい》に診療所《しんりょうじょ》では、ヒポクラテスがたどりついた、いわゆる「四体液説」にもとづき、患者の体液のバランスの変化に対して、より注意を払《はら》うようになった。

「患者の様子をよく観察しよう。そして、体から出てくるものは、排泄物《はいせつぶつ》であれ何であれ、徹底的《てっていてき》に検査するんだ」

患者がやってきたら、まず体温の変化や皮膚《ひふ》の色、顔の表情、呼吸数《こきゅうすう》、姿勢《しせい》などを観察する。そして、血液《けつえき》や尿《にょう》だけでなく、皮膚の老廃物《ろうはいぶつ》である耳垢《みみあか》や鼻汁、涙《なみだ》、唾液《だえき》、膿汁《たんじゅう》、糞便《ふんべん》までも集めて検査し、記録をとる。こうしたデータをもとに、医者が診断《しんだん》をくだす。

「これまでは、病気の原因をきちんと探ろうとせず、経験や勘《かん》をもとに治療《ちりょう》していた。でも、きちんと体の変化を分析《ぶんせき》して、診断をすることが大切だ」

こうしてヒポクラテスは、初めて医療に科学的な手段を取り入れた。つまり、データをきちんと集め、そのデータからどのような治療が有効かという推論《すいろん》を立てるのだ。

それは実は、現代の医者たちがやっていることと同じである。


あるとき診療所に、頭にターバンを巻《ま》いた大柄《おおがら》な男があらわれた。

「どうしても無理というのか？」

「申し訳ない。お断りする」

それは、遠くペルシャからはるばるやってきた、王の使者だった。

彼は、ペルシャ王アルタクセルクセス一世の専属《せんぞく》の医者になってほしいという要請《ようせい》を伝えに来たのだが、ヒポクラテスはかたくなに拒《こば》んだ。

「何が不満だというのか？　望むだけの金銀を与《あた》えるし、王のお抱《かか》えの医者となれば、そなたにはこれ以上ない名誉《めいよ》となるはずだ」

使者はあれやこれや言って、診療所の真ん中に居座《いすわ》った。

「いえ、私は金品も名誉も望んでいません。ですから……」

弟子がおそるおそる外から顔を出した。

「先生、患者さんがお待ちですが……」

「わかった。すぐ終わる」

使者は大声をはりあげた。

「もしや、ペルシャがギリシャの敵《てき》だから断るのか？」

「そうではありません。私はたった一人の王の医者であるよりも、万人の医者でありたいのです。多くの人々を病気の苦しみから救いたいのです」

「もうよい！」

使者はその辺りのものを蹴《け》りあげ、荒々《あらあら》しく出ていった。

「……やっと帰ったか」

ヒポクラテスはひと息つくと、患者を招《まね》き入《い》れた。

「さぁ、どうぞ。待たせたね」

歩くのもやっとという老人が、弟子に支えられて入ってきた。老人は椅子《いす》に腰《こし》かけるなり、か細い声で言った。

「私は貧《まず》しい農民です。金貨も銀貨もありません。お渡しできるものは、おわん１杯の小麦しかありません。それでも診《み》てもらえるのでしょうか？」

「もちろんですよ。それぞれの人が、自分にできる形で支払《しはら》いをしてくれればいいのです。患者《かんじゃ》が金持ちでも貧しくても関係ない。みなさんが健康を取《と》り戻《もど》すため、私は最大限のことをします」

ヒポクラテスはそう言って安心させた。

「こんなすばらしいお医者さんは、はじめてだ……」

老人は涙《なみだ》を流して喜んだ。


その日の診療が終わり、日も落ちかけたころ、今度は一人の若者がやってきた。彼は「医学を勉強させてください」と願い出た。

ヒポクラテスの診療所では、彼の二人の息子《むすこ》をはじめ、多くの弟子が働いていた。彼らは、患者の治療を手伝いながら医学を学んでいた。ここで学んだ弟子たちは優秀な医者となり、各地で独立した。やがて診療所は、名医を輩出《はいしゅつ》する医学校としても知られるようになった。

「先生、アスクレピオスの血を受《う》け継《つ》ぐ一族しか医者という職業にはつけないと聞きました。まったく血筋の違う私でも、医学を勉強できるのでしょうか？」

若者は不安そうな顔で聞いた。

「もちろんだ。ここでは、医者になりたいという者であれば、誰でも医学を学べる。誰もが身につけることのできる診断方法や治療方法を確立しているからね」

「……それはよかった」

「ただし、医学を志《こころざ》すうえで、ある誓《ちか》いを立ててもらう。よいかな？」

「はい」

それは、ヒポクラテスが弟子たちに与《あた》えた誓いで、その誓いを立てなければ、医者にはなれないとされていた。いわゆる「ヒポクラテスの誓い」である。

若者は、医学の神であるアポロンとアスクレピオス、衛生《えいせい》の女神ヒュギエイア、病気をいやす女神パナケイアに向けて、その誓いの言葉を述べた。

「この医術を教えてくれた師をわが親のように敬《うやま》い、自分の財産を分け与え、必要があればその人を喜んで助けます。その師の弟子たちを自分の兄弟のようにみなし、無償《むしょう》で医学の知識を教えます」

「病人の健康のことだけを考え、その状況につけこむことなく、不公平や堕落《だらく》の疑《うたが》いをかけられるような行いをつつしみます。患者から聞いたことを他人に広めるようなことはしません」

「この誓《ちか》いを守り続けるかぎり、いつも人生を楽しみつつ、医術を通してすべての人から尊敬《そんけい》されることをおゆるしください。しかし、もしこの誓いをやぶることがありましたら、その反対の運命をお与えください」

誓いの言葉を終えると、診療所の人々が彼を囲《かこ》んでワインと蜂蜜《はちみつ》で乾杯《かんぱい》し、アーモンドのお菓子《かし》を食べた。そんなささやかな歓迎会《かんげいかい》が終わると、若者の医学者としての多忙《たぼう》な日々がはじまった。

この「ヒポクラテスの誓い」は、いまでも医学部の卒業式や医療機関で働き始める際に朗読《ろうどく》されている。

「彼は、まるで医学における神のような存在だ……」

ヒポクラテスの死後数百年が経った2世紀頃、古代ローマの医学者ガレノスが、『ヒポクラテス集典』を食い入るように読みふけっていた。

ヒポクラテスは生前、自分が観察したさまざまな病気について、たくさんのことを書き残した。そのメモに、息子や弟子たちも自らの経験や考えを書き加えていった。

やがて、そうした記録がエジプトのアレクサンドリアでまとめられた。それが『ヒポクラテス集典』である。

——人の命は短く、医学は永遠だ。

ヒポクラテスは、そう記していた。

「その永遠の医学は、まちがいなくあなたから始まったものです」

ガレノスは、そうつぶやいた。

「病気は神の罰《ばつ》などではない。科学的に観察できるものだ。きちんと観察して症状がわかれば、おのずから治療法が決まる。ヒポクラテスは、この重要な考え方を示した。ここに医学の誕生《たんじょう》があるのだ」

ガレノスは重い本を閉じて、暗闇《くらやみ》を見つめた。

「私は、あなたの医学を後世に引《ひ》き継《つ》いでいきます」

ガレノスは、『ヒポクラテス集典』から多くを学び、その考え方をより具体的に発展させていった。

ヒポクラテスが病気の原因を４つの体液で説明した「四体液説」を引《ひ》き継《つ》ぎ、治療法から診断法、生理学、薬理学、解剖学《かいぼうがく》にいたるまで膨大《ぼうだい》な研究を行い、多くの著作を残した。こうして、古代ギリシア・ローマの医学の成果をまとめあげたのである。

ヒポクラテスとガレノスによって築《きず》かれた医学の知識は、イスラーム世界へわたり、そして再びヨーロッパへもたらされることになる。

科学の
先駆者たち

ルネサンスの謎《なぞ》の解剖学者《かいぼうがくしゃ》

ヴァサリウス

「なぜ学生に解剖《かいぼう》をさせてくれないんですか？」

しびれを切らして、一人の学生が言った。

目の前の解剖台には解剖用の人体が寝《ね》かせてあるが、メスをとって解剖をするのは専門の外科医《げかい》である。学生たちはそれを黙《だま》って見ているしかなかった。

パリ大学の解剖学者であるシルヴィウス教授は高椅子《たかいす》に座《すわ》って、解剖学書を読み上げながら解説する。その解剖学書は、古代ローマの医学者ガレノスの『解剖技法』や『体部の有用性』だ。新しいものでも、２００年ほど前の中世の解剖学者、モンディーノの『解剖学』である。

「まだキミたちには早い。しっかり見て学びなさい」

「しかし、実際にやらないと、学びになりません。解剖の実習は年に１回しかないのに、今日できなかったら、いつできるんですか？」

学生はずけずけと教授に迫《せま》った。

「それなら、キミ、やってみなさい！」

「ええ、もちろんです」

学生は解剖台の前に進み出て、メスを手にした。横たわる男の遺体《いたい》を見下ろす。そこで初めて、人体を切り開くという未知の感触《かんしょく》を想像した。

「どうした？　早くするんだ」

教授は言った。

「……」

「できないなら、席に戻《もど》りなさい」

「……いえ、できます」

学生は意を決して、氷のように冷たい腕《うで》の内側にメスを入れた。いったん始まると、彼は恐《おそ》ろしいほどの手際のよさで筋肉を切りわけ、骨を確認した。

「終わりました」

学生は額《ひたい》の汗をぬぐった。教授をはじめ、外科医や学生たちはみな、驚《おどろ》きで目を丸くしていた。

「きっ、キミ、解剖は初めてではないのか？」

「いや、初めてです」

「本当か!?」

このとき、この学生の運命は決まった。彼は、人体の内部の構造を追究することに目覚めてしまった。やがて彼は、解剖学者として医学史に名を残すことになる。

彼の名は、アンドレアス・ヴァサリウスという。

ヴァサリウスは1514年、ブリュッセル（現在のベルギーの首都）で生まれた。

彼の一族は宮廷《きゅうてい》医師の家系で、父アンドリエスは、神聖《しんせい》ローマ帝国《ていこく》（現在のドイツやオーストリア、オランダ、ベルギーなどの地域を支配した国）の皇帝《こうてい》マクシミリアン一世の宮廷薬剤師《やくざいし》を務めていた。

ヴァサリウスは、当時としては最良の教育を受けて育った。15歳から3年間、ルーヴァン大学で学んだのち、パリ大学医学部に進学した。

しかし、大学で学ぶことは、古い医学の知識ばかりだった。

「身体に4種類の体液があり、そのバランスが崩《くず》れると病気になります。これが、古代のヒポクラテスとガレノスが明らかにした『四体液説』です。こういった体液の異常を解消するために瀉血《しゃけつ》が行われます。つまり、静脈《じょうみゃく》を切開して、血液《けつえき》を抜き取るわけです」

ヴァサリウスは、そんな講義を聞きながら、眠《ねむ》い目をこすった。

「芸術の分野では新しいものを生み出そうとする運動が起きているのに、医学の世界は何も変わらないんだな」

当時のヨーロッパでは、芸術や建築、文学などにおいて、現状に疑問《ぎもん》を投げかける姿勢《しせい》が芽生え、新しい試みの作品が生み出されていた。ルネサンス運動である。

しかし、医学の分野ではその動きが遅《おく》れていた。16世紀になっても、ヒポクラテスやガレノスなど古代ギリシア・ローマ時代の医学が中心で、新しいものを追求する動きはなかった。

そんな大学の医学教育にあきあきしていたヴァサリウスだったが、唯一《ゆいいつ》彼を興奮《こうふん》させたのが、年に1回だけ行われる人体解剖の実習だった。

「自分で解剖ができれば、なにか新しいことがわかるかもしれない」

そんな期待をもってのぞんだ実習だったが、実際は、ただ見ているだけのつまらないものだった。そこで彼は、教授の許可《きょか》を得て、自らメスをとったのである。

「一回だけではとても満足できない。もっと解剖しないと」

ヴァサリウスがそう言うと、学友たちはひやかした。

「キミの解剖の腕《うで》は、たしかにすばらしかった。でも、解剖が上手くなったところで、何の役にも立たない。キミは外科医《げかい》にでもなるつもりか？　あんなの医者とは呼《よ》べないぞ。勉強ができなくても、病院で外科の腕だけ磨《みが》いていれば、誰だって床屋外科医になれるんだから」

当時、外科手術を行う外科医は、医者よりも地位の低い職種とみなされていた。「医者」というのは、今日《こんにち》でいう「内科の医者」を指していた。

「そうじゃないよ。僕はただ、人体の構造《こうぞう》が知りたいだけなんだよ」

ヴァサリウスはそう言って、自分で切り開いて初めてのぞき見た、人体内部の複雑《ふくざつ》な構造を思い起こした。

「人体には、まだ謎《なぞ》が多い……」

それからヴァサリウスは、パリ大学で人体解剖の実習が行われる際には必ず参加し、解剖の腕をあげていった。

人体解剖を行うには、遺体《いたい》を手に入れなければいけない。しかし、「なかなか人間の遺体が手に入らない」というのは、解剖学における共通の悩《なや》みだった。これは大学でさえも簡単に解決できることではない。そのため、解剖実習そのものの機会が少なかったのである。

「人骨さえ手に入れば、何かわかるかもしれない……」

いてもたってもいられなくなったヴァサリウスは、ある晩、パリの共同墓地にしのびこんだ。そこには、埋葬《まいそう》もされず捨てられた遺体が腐敗《ふはい》して散らばっていた。時間がたったものは、すでに白骨化している。

「これをいただこう。誰も文句は言うまい」

遺体が発する異臭《いしゅう》を鼻をつまんでこらえながら、持てるだけの骨を拾い集めた。

「人間の骨格はこんなふうにできているのか」

帰宅したヴァサリウスは、せまい自室に骨を並べ、医学書を見ながら、それらを組み立てた。こうして彼は自分で骨格の標本をつくり、一人研究を続けた。


だが、そんな時、フランスで戦争が勃発《ぼっぱつ》した。そのためヴァサリウスは、パリでの滞在《たいざい》を3年で切り上げ、ブリュッセルに戻《もど》った。それからルーヴァンに移り、医学士の学位を取るための論文執筆《しっぴつ》に集中した。

しかし、考えがまったくまとまらない。体にしみこんだ記憶《きおく》は、何か別のものを欲していた。

――あの感触《かんしょく》が忘れられない。人体にメスを入れた時のあの弾力《だんりょく》……。あの奥《おく》には、まだまだ秘密が隠《かく》されているはずなんだ。僕はそれを明らかにしたい。

ヴァサリウスは、握《にぎ》った手をすっと引くしぐさをした。

「そうだ！　あそこなら死体があるかもしれない」

ひらめいたのは、刑場だった。刑場なら、処刑された遺体があるはずだ。それを盗《ぬす》み出《だ》そうと考えたのである。

日が沈《しず》んですっかり町から人影が消えた頃、ヴァサリウスは郊外《こうがい》の刑場の前に立っていた。辺りをうかがい、用意してきたはしごを立てかけ、石造りの高い塀《へい》をよじ登った。内部に飛び降りると、絞《こう》首台《しゅだい》のもとに若い男の死体が転がっているのを発見した。

「まだ死んだばかりじゃないか！　解剖にはもってこいだ……」

ヴァサリウスにはなんの恐怖《きょうふ》もなかった。彼にとっては、遺体は格好《かっこう》の研究材料にしか見えていなかった。

彼は少しずつ遺体を引きずっていき、最後は背中にかついで塀の外に運び出し、草むらに隠《かく》した。

翌日の夜、ふたたびやってきて、遺体を布にくるんで部屋に運び入れた。

「これでじっくり解剖ができる」

遺体は腐《くさ》る前に解剖しなければいけない。彼は寝食《しんしょく》も忘れて遺体のあちこちを切り開き、注意深く観察し、その様子をノートに書き記した。

こうして、ほとんど独学で解剖学の知識と技術を高めたヴァサリウスは、当時もっとも医学が進んでいたイタリアのパドヴァ大学に進学する。

パドヴァ大学の試験では優秀な成績を収め、医学士の学位をとることができた。それと同時に、医学部の外科《げか》学と解剖学《かいぼうがく》の教授に選ばれた。22歳での大抜擢《だいばってき》だった。

「ヴァサリウスという男が22歳で教授になったらしいが、そんなに優秀な男なのか？」

「いやいや、しょせんは誰もやりたがらない解剖学の教授ですよ。ほかの医学の教授職に比べたら、たいしたことないでしょう」

大学内ではそんな会話が交わされていたが、ヴァサリウスが気にすることはなかった。

北イタリアの大学の医学研究は、パリやブリュッセルに比べると、はるかに進んでいた。解剖学においても、実際の人体の解剖が盛《さか》んに行われていた。解剖学の教授たちは、多くの人体解剖を行い、精細《せいさい》な解剖図を収めた本を出版していた。

「やあ、キミがヴァサリウス君か。キミの腕《うで》のよさは知っている。ここでは解剖用の遺体も確保できる。研究を楽しみにしているよ」

「ありがとうございます」

ヴァサリウスは、解剖学の教授たちから歓迎《かんげい》を受け、期待に胸をふくらませた。

「もう遺体を盗《ぬす》む必要はない。思う存分解剖の研究ができる！　自分にとって、これ以上ない環境だ」

「では、解剖の実習を行います」

「ヴァサリウス教授、執刀《しっとう》しますので、ご指示をお願いします」

ヴァサリウスの解剖実習の日、執刀役として呼《よ》ばれた外科医が、メスを持って待っていた。当時の解剖学の授業では、実際の解剖は執刀役の外科医に任せて、教授は解説のみを担当するのが一般的《いっぱんてき》だった。

「いや、私が執刀します」

「えっ!? 教授が自ら? できるんですか?」

ヴァサリウスはメスを受け取ると、遺体の前に立ち、非常に慣れた手つきで解剖を始めた。

「えっと……、解剖学者のモンディーノが言っているように、解剖はもっとも腐《くさ》りやすいこの腹部内臓から始め、胸部内臓、頭部、そして最後に上肢《じょうし》と下肢《かし》を解剖します」

ヴァサリウスは自ら執刀しながら、解説も行った。ときには、人体と比較《ひかく》するために、イヌの解剖も同時に自分で行った。この評判《ひょうばん》が広まると、「自ら解剖をする教授」として、ヴァサリウスは一躍《いちやく》有名になった。

「ヴァサリウス教授の解剖の実習は、臨場感《りんじょうかん》があっておもしろいぞ」

「自分で解剖ができるなんて、すごい教授だ」

実習に参加した学生たちは解剖学に関心を高めていった。

「せっかくの解剖の機会を、学生の指導のためだけに使うのはもったいない。同時に、研究も行うべきだ」

ヴァサリウスは、授業で行う解剖の機会を利用し、自らの研究を進め、次々と新たな発見を成し遂《と》げた。

「視床《ししょう》の構造《こうぞう》はこうなっていたのか！　キミたちも見たまえ！」

学生たちは毎回、大きな発見の瞬間に立ち会うことになった。

しかし、こうした解剖実習が頻繁《ひんぱん》に行われたわけではない。このパドヴァ大学においても、ヴァサリウスにとって最大の悩《なや》みは、やはり解剖する遺体が少ないことだった。

パドヴァでは、大学の責任で公開解剖用の遺体を確保することが義務づけられていたが、その数はわずか年に1体か2体程度だったのである。

「これだけでは、研究が十分に行えません。もう少しなんとかなりませんか？」

「そうは言っても、遺体を手に入れるのが簡単ではないことは、教授もご存じでしょう」

大学の本部にかけあってみても、どうにもならなかった。

「やはり、自分で集めるしかないか……」

ヴァサリウスが目をつけたのは、ここでも刑場だった。とはいえ、もう盗《ぬす》み出《だ》すようなことはしない。たまたま刑事裁判所のコンタリニ判事《はんじ》と出会う機会を得たヴァサリウスは、そのチャンスを逃《のが》さず、こう頼みこんだのだ。

「人体の解剖の研究のための遺体がたりないんです。処刑された囚人《しゅうじん》の遺体を提供《ていきょう》してもらうことはできませんでしょうか？」

コンタリニは、にこりとして言った。

「あなたの解剖学の研究の評判は聞いていますよ。解剖用の遺体は、ふつうは手に入らない。よければ、刑死体を提供《ていきょう》しますよ」

「ほんとですか!?」

「ええ。解剖を行う時に声をかけてください」

「なぜです?」

「遺体は腐敗《ふはい》してしまったら、においがきついし、解剖してもよく観察できないでしょう。解剖にあわせて、処刑時間を調整しますよ」

「そこまでしていただけるとは、ありがたい」

当時、遺体の腐敗を防ぐ方法がなかったので、遺体の解剖は腐敗の進行と競争で行うしかなかった。短時間で解剖を終え、人体の構造を隅々《すみずみ》まで観察しなくてはならない。

したがって、できるだけ新しい遺体を手に入れることが重要だったのである。

コンタリニ判事のおかげで、ヴァサリウスはいつでも好きな時に解剖用の遺体を確保できるようになった。その結果、それまでよりも研究の自由度が増し、詳細《しょうさい》な観察と分析《ぶんせき》が可能になった。

ちなみに、この頃ヴァサリウスが解剖した人体の骨格を組み立てて作った骨格標本は、ほぼ無傷《むきず》のまま、スイスのバーゼル大学解剖学研究所の博物館に保存されていて、今でも見ることができる。

「ていねいに正確に描いてくれよ。間違っていたら意味がないからね」

「わかってるよ」

「いやいや、そこは違うんだよ。この骨は、その骨とつながっているんだ」

「あっ、ほんとだ。骨格ってこんなに複雑なのか……」

教授に就任《しゅうにん》した翌年の1538年、ヴァサリウスは解剖を終えたあとの骨格を組み立て、それを画家に描かせることにした。描いたのはルネサンスの巨匠《きょしょう》ティツィアーノの工房で働く、ヨアネス・ステファヌスという、腕《うで》のいい画家だった。

ヴァサリウスは、こうしてできた6枚の解剖図を『解剖学図譜《ずふ》』として出版した。全身の動脈《どうみゃく》・静脈《じょうみゃく》・門脈《もんみゃく》をあらわす3枚の図のほか、人の姿《すがた》をした骨格の3枚の図からなる。

「こんなに美しく正確な骨格の図は、初めて見た」

『解剖学図譜』は、学者や学生たちのあいだで大評判となった。

これをきっかけにヴァサリウスの名は知れ渡り、他大学の講義に招《まね》かれるようになった。

「コルチ教授の講義に？　あまり気が進まないな。彼とは意見が違うところがあるからね」

「そこをなんとかお願いします。学生たちの希望なんです」

こうして1540年、ヴァサリウスは、ボローニャ大学の医学生たちの招きを受け、同大学の解剖学教授、コルチの講義で、解剖の解説を行うことになった。

「ヴァサリウス教授、今日はお願いしますよ」

そう言って、コルチ教授は高椅子《たかいす》に座《すわ》った。

「こちらこそ、よろしくお願いします」

「お互《たが》い解説をしながら意見交換《いけんこうかん》をしましょう」

「はい」

コルチ教授が外科医《げかい》に軽く目配せすると、外科医は遺体にメスを入れた。それは伝統的《でんとうてき》な解剖実習のやり方だった。

ヴァサリウスはコルチのやり方にしたがった。しかし、コルチの講義は、ガレノスやモンディーノなど古代や中世の解剖学書にそったもので、ときおり訂正《ていせい》を入れる程度だった。解剖されている人体を見ることさえなかった。

「私がやりましょう」

いてもたってもいられなくなったヴァサリウスは、外科医からメスをとりあげ、自ら執刀《しっとう》し始めた。

「人体の構造《こうぞう》はすべてここにあります。自分で解剖をして、自分で観察して学ぶのです。古い本に書かれた学説が正しいとはかぎりません」

ヴァサリウスは解説を続けながら、手慣れた手つきで次々と体の部位を取り出していく。

すると、高椅子から見下ろしていたコルチが、顔を真っ赤にさせて言った。

「なにをしているんですか！　ヴァサリウス教授！　人体にメスを入れるなどというのは、教授がやることではありません。恥《は》ずかしいことです。学生たちから軽蔑《けいべつ》されますよ」

「そんなことはありませんよ」

そう言ってヴァサリウスは、学生たちのほうを見やった。学生たちは全員、ヴァサリウスの解剖に釘付《くぎづ》けになっていた。

コルチは、自分の講義で学生たちのそんな真剣《しんけん》な眼差《まなざ》しを見たことがなかった。がまんならなくなったコルチは、ついに本をバタンッと閉じて教室を出ていった。

「コルチ教授！」

ヴァサリウスはあわてて呼《よ》び止《と》めたが、遅《おそ》かった。

「教授！　気にしないで、続けてください」

ヴァサリウスのやり方は、昔ながらの教え方をする教授たちには不評《ふひょう》だったが、若い学生たちには熱狂的《ねっきょうてき》に受け入れられた。

「教授、遺体が手に入ったんです。もういちど、解剖を見せてくれませんか」

「どうやって手に入れたんだ？」

「地下の埋葬室《まいそうしつ》から……」

「それは違法だぞ！　……まあいい。ついて来なさい」

予定していた2週間の授業が終わったあとも、ボローニャ大学の学生たちの強い要望で、ヴァサリウスの解剖の授業は続いた。

「まただ。なぜこんなに違うんだろう……」

解剖をしていると、ガレノスの記述と一致《いっち》しない点を見つけることがよくあった。ガレノスの学説にある人体の解剖学的構造が、自分が解剖をして見たものと明らかに違うのである。ガレノスの学説が1000年以上昔の古いものであるとはいえ、同じ人体の解剖結果がここまではっきり違うとなると、ヴァサリウスもとまどいを感じざるをえなかった。

「これはどう説明したらいいのだろう?」

ヴァサリウスは、注意深くガレノスの著書を読み込んだ。すると、あることに気づいた。

「そうか! ガレノスの時代には、人体解剖が許されていなかったんだ。解剖を許されたのは動物だけだった。だからガレノスは、動物の解剖図から人体の解剖学的構造を類推《るいすい》したに違いない」

ヴァサリウスは、実際に動物解剖を行い、人体解剖と照らし合わせることで、この仮説を確かめた。

古代、エジプトのアレクサンドリアなどでは、人体解剖が行われていた。

しかし、ガレノスが生きた2世紀頃のローマでは、人体解剖が禁止された。そこでガレノスは人間に似《に》た動物として、サルを解剖するしかなかった。そのサルの解剖図が人体にもあてはまると考えたのである。

ガレノスは、それまでの人体解剖の記録と、自ら行った動物解剖の研究結果をあわせ、人体の機能についての一つの学説をつくりあげた。それが「ガレノス説」と呼《よ》ばれ、それ以降の医学の基礎《きそ》となったのである。

「いまの医学者たちはガレノスを尊《とうと》ぶあまり、ガレノスの解剖学を無批判《むひはん》に受け入れている。その間違いを見ようとさえしない。ガレノス説のどこに誤《あやま》りがあるのか、きちんと指摘《してき》する必要があるな」

そう考えたヴァサリウスは、解剖学書を書くことにした。

解剖学書とは、そこに見えたものを、見たままに書けばいいというものではない。言葉で記述《きじゅつ》するにしても、図として描くにしても、著者がどう見たかという解釈《かいしゃく》が含《ふく》まれることになる。逆に、解釈がなければ、見ているものも見えていないということになる。

ヴァサリウスは、ガレノス説と自分の解釈がどう違うのかを、一つひとつ明確にすることにした。

「ガレノス説と違うことを言えば、大きな反発を招《まね》くのはわかっている。だから、適当《てきとう》なことは書けないぞ。絶対に自信のあることじゃないと……」

ヴァサリウスは、ガレノスの著書をしっかり読み込み、理解したうえで、自分の解釈とどう違うのかを記していった。

「ガレノスは、心臓の2つの心室間《しんしつ》には通路があり、血液《けつえき》が通過できるとしている。でも、これは間違っている。実際は、心室のあいだに血液が通るような通路はない。それから……」

また、それと同時に、解剖図の制作《せいさく》にも心血をそそいだ。

まず、ヴァサリウス自身がスケッチを描き、それをもとに画家が解剖図の原画を描く。その原画をもとに、彫版師《ちょうばんし》が、印刷のための原版をつくるのだ。

「順調に進んでますか？」

ヴァサリウスは、画家のもとをたびたび訪ねて様子をうかがった。

「そんなすぐにできるわけないだろう。あんたの頼んでくる図は、どれもこれも細かすぎるんだよ」

「でも、これが現実の人体の姿《すがた》ですから……」

「そうか。なら、時間はかかるけど、やるしかないね。それにしても、なんで人体を町中や野原において描くんだい？　解剖図にこんな背景《はいけい》は必要ないだろう」

「できるだけ多くの人に、解剖図に興味をもってもらうためですよ。解剖図は恐《おそ》ろしいものではないとわかってほしいんです。輪郭線《りんかくせん》と陰影《いんえい》をつけて、見た目も美しくしてください」

ヴァサリウスはそう言った。

「レオナルド・ダ・ヴィンチのような人体解剖図を目指せってことか？」

「たしかに、レオナルドは人体解剖を行い、その手稿《しゅこう》を残しています。あの解剖図は、絵としては迫《はく》力《りょく》があってすばらしい。でも、決して正確ではない」

「そうなのかい？」

「たとえば、男性の頭部を横から眺《なが》めた解剖図がありますよね。あの図では、脳《のう》のなかに3つの玉がつながったように描かれています。この3つ玉は、これまでの解剖図によく描かれていたものです。多くの医学者は、脳のなかにはこのような3つの脳室があり、人間の精神的《せいしんてき》な機能があると考えています。しかし、実際にはそんなものはない。つまり、レオナルドは現実の人間の脳をきちんと見たとは考えにくく、一般的な通説を表現したにすぎないんです」

「そうだったのか」

「それに、レオナルドの解剖図は人体の構造《こうぞう》すべてを描いていません。いくつかの体の部位を部分的に描いたものです。でも、我々《われわれ》が今つくろうとしている解剖図は、人体の構造をすべて網羅《もうら》していますす。レオナルドさえできなかったことを、我々はやろうとしているんですよ」

「わかったよ。これは、レオナルドの解剖図よりずっと価値があるってことだな」

「ええ、間違いなく」

画家は、ヴァサリウスの思いの強さに感服し、彼の望むとおりの解剖図をきちんとつくろうと決心した。

1543年、さまざまな苦労のすえに、ヴァサリウスの解剖学書『ファブリカ』が完成した。『ファブリカ』は、600ページを超える大著《たいちょ》で、「骨と靭帯《じんたい》」「筋肉と腱《けん》」「血管」「神経」「消化器」「心臓と肺《はい》」「脳《のう》と感覚器官」という7つのパートからできていた。

その内容は医学界のすべての人を驚《おどろ》かせた。すぐに大きな話題となり、かなり高額《こうがく》な本だったにもかかわらず、たちまち売り切れとなってしまった。

「なんとすばらしい解剖図だろう。私のものよりずっと精密《せいみつ》に描かれている」

イタリアのフェラーラという町の医師ジャン・バティスタ・カナーノは、『ファブリカ』の解剖図に驚嘆《きょうたん》した。

「とてもじゃないが、私の解剖図は恥《は》ずかしくて世に出せないな」

カナーノは自宅で解剖の研究を行い、『人体筋肉解剖図』という解剖学書の出版を予定していたが、『ファブリカ』を見たあと、その出版を断念せざるをえなかった。

実際、ヴァサリウスが『ファブリカ』に掲載《けいさい》した人体解剖図は、それまでの一般的な解剖図とはまったく違うものだった。中世までの解剖図は、おおざっぱで、現実の人体の観察ではなく、類推《るいすい》や仮定に基《もと》づく部分も多かった。しかし『ファブリカ』は、現実の人体を細かく正確に表現した。

そして『ファブリカ』が何よりも衝撃的《しょうげきてき》だったのは、そこに書かれていた内容だ。それまで正しいと信じられていたガレノス説と違うことが、いくつも書かれていたのである。

——男性も女性も肋骨《ろっこつ》の数は同じである。

——下顎《したあご》は１つの骨でできていて、２つにはわかれていない。

——肝臓《かんぞう》は２つある。５つではない。

——神経は内臓から脳《のう》にかけて通っている。

——腎臓《じんぞう》は血液をろ過して尿《にょう》をつくっているのではない。

——心臓の２つの心室の間には血液が通る通路はない。

こうしたガレノス説を否定する事実は、多くの医学者たちに驚《おどろ》きを与《あた》えたが、それと同時に多くの反発を招《まね》いた。

その代表が、パリ大学で解剖学を教わったシルヴィウス教授だった。

「ヴァサリウスのやつ、ガレノスを否定するとは、なんという不届《ふとど》き者《もの》だ！」

当時の多くの医者と同じように、シルヴィウスはガレノスを信奉《しんぽう》していた。彼にとって、ガレノス説を否定することは、とても許容《きょよう》できなかった。そこで彼は、ヴァサリウスに次のような手紙を送りつけてきた。

「もしキミが、ガレノスに対する反論を撤回《てっかい》するのなら、私は自分の講義でキミの著作について批判《ひはん》することは控《ひか》えよう。私が批判しなくても、ほかの者がかわりに批判するだろうがね。私の学生のなかには、とても有能な解剖学者がいる。すべての医者の父であるガレノスに、キミが反対の意見を述べることには、みんな怒っているよ。いつでも反論を述べる準備はできているということだ」

このようにシルヴィウスは、ガレノスに対する反論を撤回するように求めてきた。しかし、ヴァサリウスは自分の学説に自信をもっていて、撤回するつもりなどなかった。

かつての恩師《おんし》からの手紙にも、返事を書く気さえ起きなかった。ただ、自分の学説がわかってもらえないことに対する、悔《くや》しさと残念な思いがこみあげてきた。

「私は人体の現実をそのまま記しただけなんです。シルヴィウス教授、わかってください。撤回するわけにはいかないんです……」

ヴァサリウスがまったく動じないことに苛立《いらだ》ったシルヴィウスは、やがて手紙だけではなく、公にも批判しはじめた。

1551年、シルヴィウスは『ヒポクラテスとガレノスの解剖学に敵対《てきたい》する狂人《きょうじん》の中傷《ちゅうしょう》の論破《ろんぱ》』というタイトルの本（略称「ヴェサヌス」）を出版した。シルヴィウスは本の中で、ヴァサリウスの名前こそあげていないが、彼のことを「ヴェサヌス（狂人）」と呼《よ》んで批判した。


しかし、医学界の流れは変わりつつあった。ガレノスの1000年以上前の知識よりも、新しく正確な知識を求めるようになったのである。

シルヴィウスに学ぶ学生たちでさえ、ヴァサリウスがもたらした新しい解剖学を歓迎《かんげい》するようになった。


いまやヴァサリウスの評判はヨーロッパ中にとどろき、ついに皇帝《こうてい》の目にとまるまでになった。

「……つきましては、あなたに宮廷侍医《きゅうていじい》となっていただきたいのです」

ヴァサリウスは、神聖《しんせい》ローマ皇帝、カール5世の宮廷侍医に指名された。大学での研究をやめることには未練があったが、皇帝からの依頼《いらい》を断るわけにはいかなかった。

ヴァサリウスは、パドヴァ大学を退職し、神聖ローマ皇帝のカール5世の宮廷侍医として、皇帝やその家族の健康を見守ることになった。それから1556年に皇帝が退位するまで、ヴァサリウスはその地位にあり続けた。

各方面からヴァサリウスを引き抜こうとする依頼が絶えなかったが、皇帝は決して彼を手放さなかった。それほどヴァサリウスを信頼《しんらい》していたのである。

1556年にカール5世が退位すると、こんどはスペイン王位を継いだフェリペ2世に招《まね》かれ、1564年までスペイン王室に勤《つと》めた。

フェリペ2世にとって、ヴァサリウスはもっとも信頼する医者であった。

1562年、ヴァサリウスの医者としての能力を試される、重大な事件が起きた。

「王子！　大丈夫《だいじょうぶ》ですか!?」

フェリペ2世の長男であり、王位継承者《けいしょうしゃ》であった16歳のドン・カルロス王子が、首都マドリードから離れた大学町のアルカラ・デ・エナレスで療養《りょうよう》していたとき、階段で足をすべらせて、頭を階段下の扉《とびら》に打ちつけたのだ。

王子はしばらく意識を失っていたが、やがて意識を取《と》り戻《もど》し、激《はげ》しい痛みを訴《うった》えた。

「痛い！　頭が痛いよ！」

王子に随行《ずいこう》していた医師が頭をよく観察すると、親指の爪《つめ》ほどの大きさの傷ができていた。医師は髄膜《ずいまく》がむき出しになっているかもしれないと考え、宮廷に知らせた。

やがて、フェリペ2世の宮廷《きゅうてい》から二人の医者が送られてきた。そして、当時としては常識《じょうしき》的な治療である瀉血《しゃけつ》が行われた。

王子は順調に回復したかに思われた。ところが、しばらくすると、外傷が化膿《かのう》し、発熱し、首のリンパ節が腫《は》れ始めた。王子は苦しみ、錯乱《さくらん》状態になった。

「頭蓋骨《とうがいこつ》と脳《のう》を含《ふく》む髄膜《ずいまく》が傷ついているのかもしれない」

医者たちはそう診断したが、誰も確信がもてなかった。報告を受けたフェリペ2世は、すぐにヴァサリウスを呼び出した。

「カルロスが危険《きけん》な状態だ。いっしょに来てほしい」

「もちろんです」

ヴァサリウスは皇帝とともにアルカラに入り、王子を診察《しんさつ》した。

「頭蓋《とうがい》の内部が損傷《そんしょう》している可能性があります。骨膜剥離《こつまくはくり》を行い、脳《のう》に損傷《そんしょう》がないか見たほうがいいでしょう」

ヴァサリウスの提案《ていあん》にしたがい、骨膜剥離が行われた。しかし、脳には損傷がないことが確認された。原因がわからないまま、王子の病状は悪化する一方だった。

「頼む。なんとかカルロスを助けてやってくれ」

フェリペ2世はヴァサリウスに頼みこんだが、ヴァサリウスにもこれ以上打つ手が見あたらなかった。そうしている間にも、王子の病状はひどくなってゆく。

口にこそしなかったものの、ヴァサリウスの頭を、「死も覚悟《かくご》したほうがよいかもしれない」という考えがよぎった。

ところが、王子が怪我《けが》をしてから一ヵ月が経った頃。ヴァサリウスが左の眼球《がんきゅう》を診察していたところ、原因と思われる異常を発見した。

「眼球の後ろに膿《うみ》がたまり、眼球を圧迫《あっぱく》している。左右の眼窩《がんか》を切開して、膿を排出《はいしゅつ》したら治るかもしれません」

ヴァサリウスのこの診断にしたがい、膿の排出を繰《く》り返《かえ》す治療が行われた。これが功を奏し、王子は回復に向かった。

それは、ヴァサリウスの人生にとって、もっとも重要な瞬間の一つだった。

「よくやってくれた。ありがとう！」

フェリペ2世は涙《なみだ》を浮《う》かべて感謝した。

「誰からだ？」

ある日、スペイン王室に仕えていたヴァサリウスの手元に、一冊の本が届けられた。

それは、パドヴァ大学の解剖学教授、ガブリエル・ファロピウスからだった。中には、彼の最新の著作『解剖学的観察』が入っていた。

ファロピウスはその本の中で、『ファブリカ』のいくつかの所見を批判《ひはん》し、訂正《ていせい》していた。しかし批判といっても、人体の解剖と観察にもとづいた建設的な批判であった。

「このような批判をどれだけ待っていたことか……」

ヴァサリウスは自分への批判に腹を立てるどころか、心から喜んだ。

「ファロピウスには、真実を求めようとする、私と同じ精神《せいしん》がある」

　そのときのヴァサリウスには、新たに人体を解剖して真実を確かめる方法がなかったため、過去の自分の解剖の記憶《きおく》をたよりに、ファロピウスに対する反論を記した。それが『ファロピウスに対する試論』という小冊子になった。

　この冊子に、ヴァサリウスはこう書き記した。

「私はあなたの『解剖学的観察』を終わりまで読んで喜び、イタリアで解剖学を教えた頃に楽しんだ幸せな研究生活を思い出して喜びました」

　ファロピウスの『解剖学的観察』が、ヴァサリウスの「大学の教授に復帰したい」という意欲をかきたてたのは、間違いなかった。

　ところが……。

「なんだって!? 亡《な》くなった?」

　ヴァサリウスの『試論』は、ファロピウスに届くことはなかった。ファロピウスは、抱《かか》えていた重病のために亡くなってしまったのである。

　それによって、パドヴァ大学の解剖学教授のポストがあいた。

「望んでいた形ではないが、これは天命かもしれない。私にできることは、彼のあとを継《つ》いで、彼の学説を確かめることだ。それが、きっと私に託《たく》された使命だ」

　1564年、ヴァサリウスはスペインの宮廷侍医《きゅうていじい》の地位を退《しりぞ》き、パドヴァ大学の解剖学教授に復帰した。

大学の授業が始まるまでの夏のあいだ、ヴァサリウスは仕事から解放され、久しぶりの短い休みを得た。この休みを利用し、ヴァサリウスは慌《あわ》ただしくイェルサレムへの巡礼《じゅんれい》の旅に出発した。イェルサレムはキリスト教徒の聖地である。

ところが、聖地イェルサレムからの帰り、船が嵐《あらし》に巻《ま》き込《こ》まれる。一行はザンテ島（現在のザキントス島）に上陸したが、そこでヴァサリウスは病魔《びょうま》に冒《おか》されてしまった。

「私には、もう一度、人体を解剖して確かめたいことがある。せめて、もう一度だけ……」

だが、その願いはかなわなかった。ヴァサリウスは帰らぬ人となった。

もしも無事にイタリアに戻ることができ、パドヴァ大学の解剖学教授に復帰していれば、さらなる大きな成果を残したことは間違いないだろう。

「ガレノスの説はやっぱり間違っている……」

イギリスの解剖学者、ウィリアム・ハーヴィーは、自身の研究室でそうつぶやいた。

ハーヴィーは、20年以上にわたって人間や60種類以上の動物について研究、解剖、実験を行った。その膨大《ぼうだい》なデータから、自信をもって納得できる、ある結論に至《いた》った。

「ガレノスはこう考えた。消化された食べ物が肝臓《かんぞう》に運ばれて新しい血液となり、それが静脈を通って体内のいろいろな臓器に運ばれ、そこで消費されると……。長らくそう信じられていた。でも、これは誤《あやま》りだ」

ハーヴィーは、次のように結論づけた。

「血液は一方向に流れている。つまり、心臓が筋肉のポンプとしてはたらき、収縮《しゅうしゅく》して血液を動脈に送り出し、動脈が血液を各臓器へ運ぶ。心臓の右心室が肺《はい》に血液を送り、そこで血液が酸素《さんそ》をとりこむ一方で、左心室は体の残りの部分に血液を送る。それから血液は静脈を通って心臓に戻ってくる」

1628年、ハーヴィーは『心臓の運動について』という著書《ちょしょ》において、血液循環《けつえきじゅんかん》のシステムについて、このような説を発表した。

「ヴァサリウスは『ファブリカ』の中で、ガレノスの間違いを指摘《してき》して大きな反発を招《まね》いたが、もはやガレノスの学説は時代遅《おく》れだ。彼の間違いを認め、新たな真実に向かって進む時が来たのだ」

だが、ヴァサリウスの時と同様、ガレノスの教えを否定《ひてい》したことで、ハーヴィーに対しても「常軌《じょうき》を逸《いっ》している」という強い非難が寄《よ》せられた。しかし、イギリスの若い研究者たちが血液循環についてさらに研究を進めると、風向きは変わり始めた。

「ハーヴィーの理論が正しいんだ!」

観察や実験によって事実を追究することを基本としたヴァサリウス、そしてハーヴィーらの研究によって、長らく信じられていた古代の学説の間違いは修正されていった。

解剖や実験にもとづいて明らかになった事実を重視する近代医学は、ここから始まるのである。

科学の
先駆者たち

ワクチン開発の
パイオニア

ジェンナー

「どうされました？」

「全身に赤い斑点《はんてん》ができていて、だるいし、歩くのもつらいんです」

牛の乳しぼりの仕事をしているという女性が、皮膚《ひふ》の化膿《かのう》を訴《うった》えて病院を訪れた。女性を診察《しんさつ》した外科医のジョン・ラドローは、すぐに天然痘《てんねんとう》を疑《うたが》った。

「あなたは、まだ天然痘にかかったことはなかったね？」

「まだです」

「人痘種痘《じんとうしゅとう》は受けた？」

女性は首を横に振った。

「やはり……、天然痘かもしれないね」

ラドローが言うと、女性は顔をゆがめ、何か言いたそうな顔をして、下を向いた。

ラドローのこの病院で見習いとして働くエドワード・ジェンナーも、「天然痘だろう」と思った。なにしろ当時、イギリスでは半数以上の人が天然痘にかかり、人口の2割ほどが死亡していたからだ。身体に異変があれば、まずは天然痘が疑《うたが》われた。

「やはり天然痘ですな」

ラドローは気の毒そうにそう言って、診断を終えようとした。

すると、女性は顔をあげて、突然《とつぜん》こう言った。

「先生、これは天然痘ではありません。私は以前、牛痘《ぎゅうとう》という病気にかかっています。ですから、天然痘にはかからないはずなんです……」

ラドローは首をかしげた。

「どういうことですか？　牛痘と天然痘は関係ありませんよ」

「いいえ。私の村では、昔からこう言われているんです。牛痘にかかると天然痘にかからない、と
……」

ラドローは困惑《こんわく》した。

「そんな話は、初めて聞きましたね」

「先生、本当なんです。牛痘にかかった人は天然痘にかからないんです。だから、私に天然痘の治《ち》療《りょう》は必要ありません」

「……では、本当に天然痘の治療はしなくていいんですね」

「はい」

女性がそう言うので、ラドローは天然痘の治療をせずに女性を帰した。

「困《こま》ったものだね。どう見てもあれは天然痘なんだがね」

ラドローは腕《うで》組《ぐ》みをし、大きく一つため息をついた。ジェンナーはさっきの女性の言葉がひっかかって、ラドローに尋《たず》ねた。

「牛痘って、どんな病気なんですか？」

「ん？　ああ……、牛なんかの家《か》畜《ちく》がかかる病気だよ。天然痘によく似《に》た疱《ほう》疹《しん》ができるから、牛痘と

いうんだ」

「家畜から人にうつることもあるんですか？」

「そうだね。乳しぼりをする人たちがかかりやすい。症状《しょうじょう》は軽くて、たいした病気ではないがね」

ジェンナーは少し考えて言った。

「症状が軽い牛痘にかかると、天然痘にかからないというのが本当なら……」

「本当なら、なんだね？」

「牛痘を天然痘の予防に使えないでしょうか？　牛痘を予防接種《よぼうせっしゅ》に使えれば、天然痘の流行をおさえることができるのではありませんか」

「ちょっと待ってくれ。そもそもあの患者が言ったことは、医学的にはなんの根拠《こんきょ》もないことだ。そんなこと、医学書には書かれていない」

「そうですが……」

「医者は、ちまたで言われている噂話《うわさばなし》など信じてはいけない。それは医学ではないからね。……いいね」

ジェンナーは、「はい」とうなずいた。だが、心の中ではこんなことを考えていた。

——あの患者が言っていたことがウソではないとしたら……。調べてみたら、何かわかるかもしれない。医学書に書いていないなら、自分で調べればいいだけだ。

その夜、ジェンナーはラドローの書庫から分厚い医学書を何冊か引っぱりだし、天然痘についての記述《きじゅつ》を読みあさった。

歴史上、大流行した病気にはペストや結核《けっかく》があるが、なかでも人類に最大の被害《ひがい》をもたらしてきた病気の一つが、天然痘だった。

古代インダス文明が最盛期《さいせいき》を迎《むか》えていた紀元前2000年頃には、約500万人の人口があった大都市が、300〜400年でほとんど消失した。その原因とみられるのが天然痘だった。

16世紀にヨーロッパ人が入植《にゅうしょく》した新大陸では、労働力としてアフリカから送られた奴隷《どれい》が天然痘をもちこんだ結果、先住民のあいだに天然痘が広がり、死者が増え、南米のアステカ帝国《ていこく》やメキシコ半島のインカ帝国が滅亡《めつぼう》する一因ともなった。

1492年にコロンブスが到着《とうちゃく》したとき、南北両大陸の人口はおよそ7200万人だったが、侵略《しんりゃく》と天然痘などの病気によって、1620年頃には、60万人にまで減少したと推定《すいてい》される。

「治療法はどうなってるんだろう?」

ジェンナーはさらに調べをすすめた。

古代ギリシアの医者ヒポクラテスは、「発熱は過剰《かじょう》な血液によって生み出される」という説を提唱《ていしょう》した。天然痘の治療法は、この説をもとに考えられたものだ。

まず、ドアと窓《まど》を閉め切った部屋に患者を閉じ込め、毛布にくるみ、ストーブをたき、発汗《はっかん》をうながす(加温療法)。そして、「発熱の原因になる過剰な血液を減らすため」と言って、静脈をメスで切開したり、空腹にさせたヒルを20匹くらい吸い付かせて、血液を外部に排出《はいしゅつ》した。これが「瀉血《しゃけつ》」と呼《よ》ばれる治療法である。

また、ヒポクラテスの「発熱は飢餓《きが》で治療する」という考えから、患者には食事も水も与《あた》えないこともあった。嘔吐《おうと》や下痢《げり》は身体が病気に反撃《はんげき》している証拠《しょうこ》とみなされ、吐《は》き気《け》をもよおすエメチンや下剤《げざい》で嘔吐や下痢をうながすこともあった。

また、膿疱《のうほう》を針《はり》で刺《さ》して膿《うみ》を出すという治療も行われた。これによって治りが早くなり、かさぶたもできにくいというのが理由だった。

医者たちの中には、こうした治療を行い、法外な治療代を請求《せいきゅう》する者もいた。医者にとって、天然痘の発生はまたとない収入源《しゅうにゅうげん》となったのである。もちろん治療を受けられるのは、富裕層《ふゆうそう》に限られた。

ところが、17世紀半ばのイギリスの医者トーマス・シデナムは、「現在の天然痘の治療法は有害だ」と批判《ひはん》した。

「裕福な人たちが天然痘で死亡する数と比べて、一般の人たちは死者が少ない。裕福な人たちが受けている治療法が間違っているのではないか？」

シデナムは、そう考えたのだ。

シデナムは、それまで普通に行われていた加温療法を疑《うたが》い、低温療法を提唱《ていしょう》した。窓をあけ、薄《うす》手《で》の毛布に変えたほうがいいと呼びかけた。当時の天然痘患者は、加温処置のために窓やドアを閉めきった部屋で家族といっしょに生活していたため、家庭内での感染《かんせん》も起きていたからだ。

18世紀、イギリスに人痘種痘がもたらされる。

天然痘は「一度かかれば、同じ人には二度とかからない病気」であることは分かっていた。人痘種痘は、この特徴を利用して、わざと天然痘に軽く感染させて回復させることで、自然に天然痘に感染して重症化するのを避《さ》けようとする予防法である。天然痘患者からとった膿《うみ》やかさぶたを少量だけ接種して、天然痘に人為的にかからせるのだ。

そもそも人痘種痘は、古代のインドや中国で行われていた予防法で、それがトルコを経由してヨーロッパにも伝わったといわれている。

「記録では、イギリスで1721年に人痘種痘が始まってから、1785年までに、858名が接種を受けて、17名が死亡している。おおよそ50分の1の致死率《ちしりつ》だ。天然痘感染の場合には5〜8名のうち1名の割合で死亡していたから、かなり低い致死率になっている」

ジェンナーは詳《くわ》しい記録を調べた。

「でも、ここでも医療が金儲《かねもう》けに……」

人痘種痘を行う医者たちは、本来は必要もない複雑な方法を考えた。それというのも、高額な報酬《ほうしゅう》を得るためだった。

まず準備段階で「不純物《ふじゅんぶつ》をとりのぞくため」と言って、瀉血《しゃけつ》を行う。そして下剤《げざい》を飲ませて、質素な食事を与《あた》えた。患者には、「贅沢《ぜいたく》な生活や食事が天然痘にかかりやすくしている」と信じ込ませたのだ。

　こうして準備に2～4週間をかけて、それから人痘種痘を行う。接種を受けた者は、7日または8日目に発熱し、9日または10日目に全身に発疹《はっしん》があらわれる。症状は自然感染した時よりも軽いが、2週間ほど続く。さらに1ヵ月ほどして、ようやく回復となる。

「そういえば、僕も子どものときに人痘種痘を受けたっけな……」

　ジェンナーの脳裏《のうり》に、そのときの記憶がよみがえった。

　ジェンナーは8歳で初等中学校に入学し、校長の家に下宿していた。その頃、イギリスでは天然痘が流行していたため、ジェンナーは数名の友人とともに人痘種痘を受けたのだ。

　まずはじめに、血液がきれいかどうか確かめるために、何度も繰《く》り返《かえ》し採血された。

　さらに、厳しい食事制限《しょくじせいげん》のため食事は少量にされ、「血液を薄《うす》めるため」という理由で、ダイエット・ドリンクを与えられた。

「あのときはみんな痩《や》せ細《ほそ》って、衰弱《すいじゃく》していた。命も危《あぶ》なかったかも……」

　その後、友人たちと「接種小屋」に入れられ、人痘種痘を受けた。

「幸い、誰も死ななかったし、僕も軽い症状ですんだ。でも、あの治療で死んでしまう人もいたはずだ」

　ジェンナーは本を閉じ、そして考えた。

「あんなにつらい治療を、ほんとに受ける必要があったのかな……」

なにごとも深く観察し、考えることが好きだったジェンナーは、天然痘についてもっと知りたいと思った。

「天然痘がどんな病気か分かれば、もっといい治療法が見つかるはずだ」

エドワード・ジェンナーは、1749年、イギリスのバークレイに生まれた。

彼は少年の頃、家から近いソドベリーの町に出て、外科医ジョン・ラドローの病院で住み込みで働くようになった。この時代、子どもが親元を離れ、住み込みで働きながら仕事を覚えるのは、一般的《いっぱんてき》なことだった。

すでに、ラドローの病院での徒弟修業《とていしゅぎょう》も6年あまりが過ぎた。あるとき、診療《しんりょう》を終えたラドローは、ジェンナーを呼《よ》び出《だ》して言った。

「キミの見習い期間は終わりだ。キミにはもう、すぐにでも開業できる力がある」

「えっ⁉」

突然《とつぜん》のことに、ジェンナーは驚いた。

「それで、キミはこれからどうしたい？」

ラドローは尋《たず》ねた。

「ラドロー先生、僕にはまだまだ勉強しないといけないことがたくさんあります。だから、もう少しここで働かせてもらえませんか？」

それはジェンナーの正直な気持ちだった。まだ、とても医者として独《ひと》り立《だ》ちできるとは思えなかった。

「でもねぇ……、私が教えられることは、もうないんだよ」

ラドローは、はっきりと言った。

「……ただ、もしキミが勉強を続けたいと言うなら、ジョン・ハンター先生のもとに行くといい」

「ハンター先生？」

それは、ジェンナーが初めて聞く名前だった。

「彼は、まちがいなくロンドンで最高の医者だ。セント・ジョージ病院の主任外科医の地位についたばかりで、ちょうど住み込みの弟子を探していたはずだ。彼に紹介状《しょうかいじょう》を書いてやろう」

「ほんとですか？」

「彼はつねに新たな発見をし、革新的《かくしんてき》な治療法を開発している。キミのような熱心な学生は歓迎《かんげい》するはずだ」

「ぜひ、お願いします！」

ラドローがハンターに紹介状を送ると、すぐに、「ジェンナーをロンドンに送るように」という返事がきた。

こうして、１７７０年の秋、ジェンナーは希望に胸をふくらませ、大都市ロンドンへ向かった。21歳のときだった。

「ここがロンドンか……」

ジェンナーは、重い荷物を引きずりながら、ハンターのいる病院に向かった。

ハンターのもとでは、すでに二人の弟子が働いていた。彼らは、エヴァラード・ホームとヘンリー・クラインといった。ホームは、のちにハンター夫人となる女性の、8歳下の弟にあたる。

「さあ、諸君《しょくん》。実験をするぞ！　古い理論にとらわれるな。自分の目で確かめ、真実を見つけるんだ！」

それは、情熱的で行動力のあるハンターの口癖《くちぐせ》だった。

ハンターは、古い理論にとらわれていたそれまでの外科手術を見なおそうとする、新進気鋭《しんしんきえい》の若手医学者だった。もともと、外科医である兄の影響《えいきょう》で解剖《かいぼう》の才能を開花させ、解剖と観察を重ねるなかで、こう考えるようになった。

「人体のつくりは、古代のガレノスの考えたようにはできていない。16世紀のヴァサリウスが『ファブリカ』で指摘《してき》したとおり、ガレノス説には間違いがある。まずは自らの目で見て、繰《く》り返《かえ》し実験をして確かめることが大切だ。これからの医学では、こうした科学的な考え方を基本とするべきだ」

ヴァサリウスは、解剖や実験、観察を大切にする「実験医学」の考え方を打ち立てた。この「実験医学」の考え方は、ここロンドンの医学界でも少しずつ広まり始めていた。ハンターはその流行の先頭に立っていたのである。

ただこの当時でも、多くの大学の医者たちは、依然《いぜん》として外科手術を理容師などの職人にやらせていた。解剖は「汚い仕事」というイメージが根強く残っていたのである。外科医というと、その地位は内科医よりも低いものと考えられていた。

ハンターは、この悪しき伝統を変えようと闘《たたか》っていた。

「ハンター先生、この本によると、これは……」

「ジェンナーくん、大昔の医学書に書かれていることが正しいとは限らない。自分の目で見て、つねに疑問をもち、自分の頭で考えなさい」

ハンターは言った。

「はっ、はい……」

ジェンナーはハンターの考え方に影響《えいきょう》を受け、徐々《じょじょ》に「実験医学」の精神《せいしん》を身につけていった。

ジェンナーは、度々ハンターと医学について深く語りあった。その議論には、ホームやクラインも加わった。

「僕が子どものとき、人痘種痘《じんとうしゅとう》を受けました。食事制限《しょくじせいげん》をしたり、下剤《げざい》をのまされたり、瀉血《しゃけつ》をしたりして、とてもつらい処置でした。あれは、本当に必要なことだったのでしょうか？」

ジェンナーは言った。

「実験科学の視点から言うと、意味のないことだろうね。医者が金儲《かねもう》けのためにやっているとしか思えない。今すぐやめるべきだろう」

ハンターの答えに納得し、ジェンナーはうなずいた。

「ところで、先生。牛痘《ぎゅうとう》という病気は知ってますか？」

「ああ。家畜《かちく》からうつるが、症状は軽いはずだ」

「あるとき、ラドロー先生のもとを訪れた患者《かんじゃ》さんが、こう言ったんです。『牛痘にかかれば天然痘にかからない』と。本当でしょうか？」

「それはおもしろい話だね……」

「でも、ラドロー先生は、たんなる民間の噂話《うわさばなし》だと言って、とりあわなかったんです。医学書に書いていないと……。こういう話は信じないほうがいいのでしょうか？　これがもし本当なら、天然痘予防の手がかりになると思うんです」

「調べてみる価値はあるんじゃないか。牛痘によって予防効果が得られるかどうか、実験したらいい」

「先生は、牛痘で予防効果は得られると思いますか？」

「なぜ私の意見を求めるのだ。実験をして、それが正しければ、正しいということだ。考えることではない。考えるよりも実験をしなさい」

「そっ、そうですね」

――考えるより実験を。

ジェンナーは、心のなかでそう繰《く》り返《かえ》した。それは、ハンターが弟子たちに口を酸《す》っぱくして伝えていた言葉だった。古典的理論に頼らず、観察と実験を通して医学の近代化をすすめた、ハンターの基本姿勢を端的《たんてき》に表していた。

ジェンナーはハンターのもとで、遺体の解剖《かいぼう》から診療《しんりょう》の手伝い、病院で開かれる講義《こうぎ》の受講と、忙《いそが》しい日々を過ごした。

そんななかで、思わぬ仕事も頼まれた。

「エンデヴァー号が世界一周の航海《こうかい》から帰ってきたぞ！　いっしょに来てくれ」

ハンターは、ジェンナーをそう言って連れ出した。

「探検家のジェームズ・クックの船ですよね。それがハンター先生となんの関係が？」

「大いに関係があるのさ」

ハンターは、子どものようにはしゃいだ様子で、目を輝かせて言った。

1771年、探検家のジェームズ・クックのエンデヴァー号が世界一周の航海から帰ってきた。これは科学調査を目的とした航海で、世界各地で1400点を超える新種の植物と、1000点を超える新種の動物を集めて帰ってきたのだ。

二人は、港に停泊《ていはく》したエンデヴァー号に乗り込んだ。甲板《かんぱん》の下の倉庫には、所狭《ところせま》しと珍《めずら》しい植物や動物が詰《つ》め込《こ》まれていた。

「さて、キミにお願いしたいのは、これらの収集物の目録《もくろく》の作成だ」

「なんですって!?」

じつはハンターは、自然科学者としても有名で、生物の化石や標本を1万点以上集めていた。レスタースクエアの別荘では、シマウマやライオンなど、さまざまな動物が飼育《しいく》されていた。

ハンターは、エンデヴァー号に乗り込んで調査していた友人の植物学者ジョセフ・バンクスから、収集物の目録作成を依頼されていたのだ。

動植物の目録作成は、簡単な仕事ではない。

このころ、スウェーデンの博物学者カール・リンネが、1735年に著した『自然の体系』のなかで、生物の分類法を提唱《ていしょう》していた。生物を属名と種小名《しゅしょうめい》の2つの単語で示す、「二名法」といわれる分類法だ。

「ジェンナーくん。キミは、リンネの生物の分類法を理解している。解剖学の技術も身につけている。この目録作成の仕事を任せられるのは、キミしかいないのだよ」

「……そういうことでしたら」

ジェンナー自身、動植物にも興味があったので、その仕事を引き受けることにした。

それからジェンナーは、しばらくの間、見たこともない動植物を一つひとつ分類して記録するという、とても骨の折れる仕事にかかりきりになった。

「ジェンナーくんの仕事はすばらしいよ。動物のやわらかい繊細《せんさい》な器官も、見事に解剖して美しく見せてくれた」

ジェンナーの仕事ぶりは、植物学者のバンクスをも満足させるものだった。

その後、ハンターのもとに復帰したジェンナーは、解剖学と外科学に関するすべてのコースを修了することができた。

「ジェンナーくん、キミはじつによくやった」

「ありがとうございます」

「それで、キミはこれからロンドンで働くのかね？」

「いえ、僕は地元の病気の人たちを救いたいと思っています。ですから、故郷《こきょう》のバークレイに戻《もど》って、開業するつもりです」

ジェンナーは、少し照れながら答えた。

「そうか。キミならロンドンのどの病院に行っても、高い報酬《ほうしゅう》で働くことができるだろうけど……キミらしい選択だな。応援《おうえん》するよ！」

ハンターは、そう言って激励《げきれい》した。

1773年、24歳のジェンナーは、ハンターに見送られ、故郷バークレイへ向かう馬車に乗った。


「僕は、どんな病気の患者でも診《み》ます」

ジェンナーがバークレイで開業した診療所では、発熱や呼吸器《こきゅうき》の異常から皮膚病《ひふびょう》まで、どんな病気でも診察《しんさつ》した。ときには、外科医として手術を行うこともあった。

さらに、その診療範囲《しんりょうはんい》は600平方キロメートルを超える広い地域にわたった。患者がいればどんなところでも、ジェンナー自ら馬に乗って、往診《おうしん》に出かけたのである。

「田舎《いなか》では、ロンドンの医者のようにはいかないなぁ……。何よりも体力が求められる」

その日は、ハリケーンのような風が吹《ふ》き荒《あ》れ、雪が激しく降り続いていた。ジェンナーは、馬を飛ばし、16キロメートル離れたキングスコート村まで出かけた。じつは、この時ジェンナーは風邪《かぜ》をひいていて、この天気の中外に出るだけでも危険《きけん》な行為だったが、それでも体をはって出かけた。

往診先は、地元の名家の立派な屋敷《やしき》で、患者はその家の娘、キャサリンだった。

「もう心配いりませんよ。あとは安静にしてください」

「先生、ありがとうございます。それから、あの……吹雪《ふぶき》がおさまるまで、我《わ》が家《や》でお待ちになったらどうです？」

キャサリンは言った。しかし、ジェンナーは首を振《ふ》った。

「まだ、ほかの患者さんが待っていますので。失礼……」

ジェンナーはマントをかぶり、ふたたび吹雪の中へ消えていった。

のちに1788年になって、ジェンナーは結婚することになる。お相手は、この時のキングスコート村の患者の女性、キャサリンだった。

結婚してからも、ジェンナーは精力的《せいりょくてき》に仕事に取り組んだ。彼は医者として忙《いそが》しくするかたわら、博物学の研究も行った。

「カッコウの親鳥が、ほかの鳥の巣に卵《たまご》を産むのはなぜだろうか？」

博物学者としてのジェンナーをひきつけたのが、カッコウの産卵習性だった。

じつは、それは古代ギリシャのアリストテレスの時代からの難問といわれ、誰も解明できずにいた問題であった。

ジェンナーは、ここでもハンターの教えに従い、実験と観察を大事にした。カッコウを解剖して胃の形に異常がないかを調べたり、カッコウが卵を産みつけた鳥の巣を、卵が孵化《ふか》するまで観察したりした。

するとある時、不思議な現象を目にした。

「あっ！　孵化したカッコウの雛《ひな》が、ほかの鳥の雛や卵を外に放り出している」

しばらく注意深く観察を続けていると、そのカッコウの雛は、その巣の主である別の種類の親鳥に育てられていることがわかった。

「すごいことを発見したぞ！　カッコウは、自分の雛をほかの鳥に育てさせるんだ。ほかの鳥の巣に卵を産むのは、そのためなんだ」

それは「托卵《たくらん》」という習性で、ジェンナーが初めて明らかにしたものだった。

ジェンナーはすぐにこの研究を論文にまとめ、ロンドンのハンターに送った。

「さすがジェンナーくんだ！」

論文を絶賛《ぜっさん》したハンターは、これを王立協会で発表した。論文は評価され、1789年、ジェンナーは王立協会の会員として認められたのである。

「そうですか、乳しぼりを……」

ジェンナーの診療所《しんりょうじょ》では、患者《かんじゃ》が希望すれば人痘種痘《じんとうしゅとう》を行っていた。ただし、ハンターの意見に従い、食事制限《しょくじせいげん》などの余計な準備処置は行わなかった。

その日、人痘種痘を希望して訪れた女性は、酪農《らくのう》を営《いとな》む家で、乳しぼりの仕事をしていると話した。

「これまで大きな病気にかかったことは？」

ジェンナーが尋《たず》ねると、女性は言った。

「大きな病気ではないですけど、牛痘にかかったことはあります。若い頃ですけどね。もう何十年も前の話ですよ」

「牛痘ですか……。牛の世話をしていると、かかりやすいといいますね」

一瞬、ラドローの診療所での出来事が頭をよぎったが、ジェンナーは気にすることなく、その女性に人痘種痘をほどこした。

それから数日後、接種部分の経過観察を行うと、赤くなっているだけで、腫《は》れや発熱がみられない。接種から何日たっても、本来起こるはずの変化が起きなかった。

「先生、どういうことでしょうか？」

「……もしかしたら、牛痘の噂話《うわさばなし》は本当なのかもしれませんね」

「牛痘の噂話……？」

ジェンノーはずっと前から考えていたことを、患者に説明した。

「人体にとってそれほど危険《きけん》ではない牛痘の毒が、天然痘に抵抗《ていこう》する力を与《あた》えているのかもしれない、ということです。あなたは牛痘にかかったことがあったから、すでに天然痘に対する抵抗力をもっていて、そのせいで人痘種痘をしても症状が出なかったのでしょう」

こんなことがあってから、ジェンナーは、牛痘について真剣《しんけん》に考えるようになった。

「牛痘の毒が天然痘から防いでくれるのなら、人為的に牛痘を感染させる予防法を広めていけば、天然痘を完全に絶滅させることができるかもしれない」

しかし、安易《あんい》にその結論に至ることは危険《きけん》だった。

「でも、あの患者は、たまたま人痘種痘によって起こる症状が出なかっただけかもしれない。体質とかの関係で……」

そこまで考えて、ジェンナーは、あの言葉を思い出した。

——考えるより実験を。

「ハンター先生、そうでした。実験で確かめるんでしたね」

ジェンナーは牛痘の起源《きげん》について調べるため、甥《おい》のジョージとともに馬小屋に出かけた。

「牛痘なのに、なぜ馬小屋を調べるんですか？」

ジョージは聞いた。

「馬が関係しているからだよ。おそらく牛痘は、馬のかかとの病気が牛にうつって引き起こされていると思うんだ」

馬のかかとを調べてみると、炎症《えんしょう》の起きたかかとからは、奇妙《きみょう》な性質の物質が見つかった。

「これだ……」

それは、獣医《じゅうい》がグリースと呼《よ》んでいるものだった。現在では、馬のかかとにできるこの炎症は、馬痘《ばとう》ウイルス感染による病気とわかっている。

「この馬のかかとの炎症を手当てするとき、この物質が手に付着する。そのまま乳しぼりをすると、牛にうつる。これが原因で、牛の乳房《にゅうぼう》にたくさんの疱疹《ほうしん》ができる。これが牛痘だ。乳しぼりの人がさわると、手の傷《きず》などから牛痘がうつる、ということだ」

こうしてジェンナーは、牛痘が発症するメカニズムを探っていった。だが、なかなか牛痘と天然痘を結びつける十分な決め手を得ることができなかった。

「これはハンター先生に相談するしかないな……」

翌年、ジェンナーはハンターの考えを聞くため、思い切ってロンドンに向かった。

「ジェンナーくん、どうしたんだ、急に?」

「じつは、牛痘という病気のことで、ぜひお聞きしたいことがあって……」

数年ぶりに会うハンターは、年をとったせいか、研究で疲《つか》れているのか、少しやつれているように見えた。ジェンナーはその姿《すがた》に少し寂《さび》しさを感じながらも、本題を切り出した。

「牛痘にかかると、手はこんなふうになります」

ジェンナーは、乳しぼりの女性の手にできた牛痘の病変の絵を見せた。

「牛痘には天然痘に対する予防効果があるのは確かです。なぜなら、今のところ、牛痘にかかってから、天然痘にかかった人が見つかっていないからです」

「それで？」

「牛痘は、天然痘の予防接種に使えるのではないかと……」

それまで静かに話を聞いていたハンターが、突然《とつぜん》、語気を強めた。

「そんな症例の観察だけでは、なんの証明にもなっていないよ。人為的に感染《かんせん》させた牛痘《ぎゅうとう》で、天然痘に対する抵抗力があるかどうかを調べないと。なぜ、それをやらない？」

「健康な人を使った実験は簡単ではありません。もし被験者が天然痘にかかってしまったら……」

「未知の実験には、いつでもリスクはつきものだ。それをやらなければ、キミのアイデアが正しいとは誰も信じてくれないよ」

「……」

「では、失礼するよ。私は実験で忙《いそが》しいんでね」

ハンターは立ち上がり、部屋を出ていこうとした。

「先生！」

ジェンナーが呼びとめると、ハンターは一言、こう言った。

「キミはあの言葉を忘れたのか？」

「……」

——考えるより実験を。

去っていくハンターの背中を見つめながら、ジェンナーは、心のなかでそう繰《く》り返《かえ》すのだった。

1793年、ハンターが狭心症《きょうしんしょう》で世を去った。

「ハンター先生！　どうして……」

がっくりと膝《ひざ》をついたジェンナーは、恩師《おんし》の死を知らせる手紙を握《にぎ》りしめ、後悔《こうかい》の念にさいなまれた。

「僕は考えてばかりで、何一つ行動できなかった。健康な患者を危険《きけん》にさらしてまで実験をやるべきだろうかと考えるあまり、なかなか実験に踏《ふ》み切《き》る決心ができなかった」

キャサリンは泣《な》き崩《くず》れる夫の背中に手をやり、「自分を責《せ》めないで」といたわった。

「こんなことになるなら、早く実験を成功させて、先生にいい知らせをするべきだった」

「これからだって遅《おそ》くないわ……」

ジェンナーは顔をあげた。

「うん。……そうだね。僕はやるよ。実験を成功させて、必ず天然痘の予防法を確立してみせる」

翌日から、ジェンナーは牛痘にかかった人への人痘種痘実験を積極的に行うようになった。その経過観察によると、いずれの患者においても、接種《せっしゅ》したところに天然痘の症状があらわれることはなかった。

「間違いない。牛痘には天然痘を防ぐ力がある」

ジェンナーの心は決まった。

「患者に牛痘の膿《うみ》をつけて、天然痘への予防効果を試す実験を行おう。失敗はしないはずだ」

これまでの綿密《めんみつ》な調査により、すべての不安は解消されていた。あとは、いつでも実験ができるように準備をしておくだけだ。

「まずは牛痘の患者を見つけよう。あとは被験者《ひけんしゃ》がいれば、いつでも実験はできる」

そして1796年、そのときはやってきた。

サラ・ネルムズという若い女性が、手に疱疹《ほうしん》ができたといって診察に訪れた。彼女は農園で乳しぼりの仕事をしているという。

「先生、私、天然痘にかかったんでしょうか？　もう治らないんでしょうか？　天然痘だったら、家族にうつるから、家には帰れません。どうしたらいいでしょうか？」

サラは、すっかり気が動転している様子だった。

「まぁ、落ちついてください。まずは診《み》てみましょう……」

彼女の手には大きな疱疹ができていた。

「最近、手にけがをしたことは？」

「バラの棘《とげ》が手の指にささったことがあります……」

「なるほど。これは牛痘ですね。たいしたことない」

「ほんとですか？」

「乳をしぼっているときに、手の傷口から感染したんでしょう」

サラは、ジェンナーの言葉を聞いて、ほっとした笑みを見せた。

「そうですか。よかった……。天然痘ではないんですね」

「ええ。牛痘ですから、すぐに治療できますよ」

そこでジェンナーは、はたと気づいた。とうとう、実験をする時が来たと思った。

「あの……、治療をする前に、あなたにお願いしたいことがあります」

「はい？」

「実験に協力してもらいたいんです」

「……実験？」

ジェンナーが「牛痘の膿《うみ》の提供者《ていきょうしゃ》となってもらいたい」と頼むと、サラは快く了承してくれた。

あとは牛痘の膿を接種する被験者が必要だったが、その準備はすでにできていた。

ジェンナーの家の庭番の息子で、8歳のジェームズ・フィップスという少年がいた。ジェームズが人痘種痘《じんとうしゅとう》を受けようとしていたため、かわりに牛痘による予防接種の実験に協力してもらえるよう、事前にお願いしていたのだ。

ジェンナーは、ジェームズとその父、そしてサラを診察室《しんさつしつ》に集めると、こう説明した。

「これから、新しい天然痘《てんねんとう》の予防接種を行います。天然痘の予防で行われる人痘種痘は、天然痘の患《かん》者《じゃ》からとった膿《うみ》やかさぶたを使用します。でも、新しい予防接種では、牛痘の膿を使う。それで、わざと牛痘にかからせるんですが、そもそも牛痘は症状が重くなったり、死んでしまう心配はない病気です。だから、これは安全な実験です」

「しかし先生、牛痘の膿で、本当に天然痘の予防になるんですか？」

ジェームズの父が言った。

「私がこれまで調べてきたところによると、牛痘にかかった人のなかで、天然痘にかかった人はいません。だから牛痘の膿には、天然痘に対する予防効果があるはずなんです。これは、そのことを確かめる実験です。きっと成功するから、安心して協力してほしい」

「わかりました。息子に接種してください。先生のことは、私がいちばん信用してますから」

「ありがとう」

ジェンナーは深くうなずいた。

「では、サラ。ジェームズ。準備はいいかな？」

「はい」

ジェンナーは、まずはじめに、サラの手にできた疱疹《ほうしん》から膿を取り出した。それから、ジェームズの腕《うで》にメスで一センチほどの長さの浅い切《き》り傷《きず》を入れ、膿を塗《ぬ》りつけた。

「大丈夫《だいじょうぶ》かな？」

「うん」

ジェームズは少し腕《うで》を気にしながらも、元気に答えた。

それから毎日、ジェンナーは少年の症状の変化を注意深く観察した。

異変が起きたのは9日目だった。ジェームズは悪寒《おかん》を感じ、ひどい頭痛に襲《おそ》われた。その夜は、寝《ね》つけない様子だった。

「がんばれ、ジェームズ……」

ジェンナーは祈《いの》るような気持ちで、つきっきりで看病《かんびょう》した。

すると、次の日の朝のこと。

「先生！　おはよう！」

ジェームズの足元で眠《ねむ》っていたジェンナーは、元気な声で起こされた。ジェームズは満面の笑みでジェンナーを見つめていた。

「おっ、おはよう……」

ジェンナーは眠《ねむ》い目をこすりながら立ち上がり、少年の額《ひたい》に手をやった。

「熱が下がってる！」

ジェームズはすっかり回復していた。

そして48日目、今度はジェームズに人痘種痘を行った。天然痘に感染《かんせん》しなくなっているかを確かめるためだった。

結果、ジェームズの身体に天然痘の反応はあらわれなかった。

「思ったとおりだ！　ジェームズ、キミはよくやった。キミは天然痘に一生かからない身体になったぞ!!」

ジェンナーは、そう言ってジェームズの頭をなでた。

この実験の成功により、天然痘は重症化の危険《きけん》をおかさずに、安全に予防できることが証明《しょうめい》された。ジェンナーは天然痘に対する「ワクチン」を開発したのである。ウイルスが発見される１００年近くも前、まだ「免疫《めんえき》」という言葉もなかった時代のことだった。


「論文の内容はすばらしい。でもねぇ……」

「でも？」

ジェンナーは牛痘による予防接種の研究成果を論文にまとめ、ロンドンの王立協会に提出《ていしゅつ》した。ところが、協会は論文を受理しなかった。審査《しんさ》を担当したエヴァラード・ホームは、かつてハンターのもとで共に学んだ仲間である。ジェンナーは論文が却下《きゃっか》された理由を聞くため、ホームのもとへと出向いたのだった。

「申《もう》し訳《わけ》ないけど、一人の例だけでは不十分なんですよ」

「不十分とは？」

「もしも20人や30人の人に牛痘を接種して、全員が天然痘にかからないことが示されれば文句はない。でも、たった一人の例だけでは認めるわけにいかないんです。王立協会としては、より確かな証拠《しょうこ》を求めます」

ホームはそう言って、論文を返した。

「そうか。それなら、追加の実験を行うよ」

ジェンナーはそう答えたものの、それは簡単なことではなかった。

実験を行うには、さらなる牛痘の患者が必要となる。幸か不幸か、その頃バークレイ地方では、牛痘の発生はほとんどなかった。

「牛痘の患者がいないことには、どうしようもないな……」

ジェンナーは根気強くチャンスを待った。

1798年、その時が訪れた。使用人のトーマス・バーゴが、馬のグリースに感染《かんせん》したのだ。

「トーマス、実験に協力してくれないか?」

「もちろんです。かまいませんよ」

ジェンナーは、トーマスの手にできた疱疹《ほうしん》の膿《うみ》を、5歳の少年ジョン・ベーカーに接種した。すると接種後、発熱がみられたため、安全をとって人痘種痘は行わなかった。

また、牛にできた牛痘の膿を一人の少年に接種し、その膿をまた別の少年に、その少年の膿をまた別の子どもと大人に……というように、牛から人のあいだで5代にわたり牛痘を植えつぐ実験を行った。

ジェンナーはこの新しい実験例を加えた論文を完成させ、その中で、牛痘による予防接種がきわめて安全であることを記した。

「人痘種痘では疱疹が広がり、皮膚《ひふ》にひどいあとが残ることがあります。しかも、死亡するリスクもあります。これに対して、牛痘の予防接種では、死亡することはありません。また、ほかの人に感染を広げるリスクもありません。牛痘は、人から人にはうつらないからです」

ジェンナーはこの論文を王立協会に提出《ていしゅつ》するのではなく、自費出版した。すると、論文は学者たちの間で、たいへんな話題となった。

この論文のなかで、ジェンナーは自らが発見した牛痘に「ワリオラエ・ワッキーナエ」という学名をつけた。これはラテン語で「雌牛《めうし》の天然痘」という意味だ。

この学名がのちに、「ワクチン」という言葉のもとになった。

学者たちの間で高い評価を得たものの、ジェンナーは、また一つの壁にぶつかった。

――どうすれば、なるべく多くの人に接種してもらえるのだろう？　たとえば、ロンドンの人々に接種してもらうには、どうしたらいい？　いちいち、田舎から牛痘の膿をもっていくわけにはいかない……。そうだ！　乾燥《かんそう》させたらどうだろう？

ジェンナーは牛痘の膿を乾燥させたものをロンドンに持ち込み、ハンターのもとで共に学んだ友人のクラインに依頼して、牛痘による予防接種の実験をしてもらった。

「大丈夫だ。乾燥したもので天然痘を防《ふせ》げるよ！」

クラインは興奮《こうふん》した様子でジェンナーに報告してきた。これで、どんな場所でも天然痘の予防接種をする道がひらかれた。

ところが、最大の障壁《しょうへき》となったのは、人々の心だった。もともと牛の病気である牛痘の膿を接種することに対しては、多くの人に抵抗感《ていこうかん》があったのだ。

「牛痘を接種すると、牛の姿《すがた》になるらしいぞ」

そんな噂《うわさ》も広まった。

しかし、徐々に予防接種の効果が知れわたるにしたがい、ジェンナーが開発した天然痘ワクチンは広く認められるようになっていった。ジェンナーが発見した予防接種は「種痘法」と呼《よ》ばれ、イギリスだけではなく、世界中に広まった。

1800年、ジェンナーはセント・ジェームズ宮殿《きゅうでん》で国王ジョージ3世に謁見《えっけん》し、王妃《おうひ》シャーロットにも拝謁《はいえつ》した。

「私と私の子どももすべてが人痘種痘を受けています。あなたが開発された安全かつ確実な予防接種は、非常に大きな成果です」

シャーロット王妃はそう言ってジェンナーをたたえた。

バークレイに戻《もど》ったジェンナーは、家の庭に設けたあずまやで、貧《まず》しい人々に無料で種痘法をほどこした。

「人痘種痘を行った医者たちは、自分たちの方法を秘密にして、高額の報酬《ほうしゅう》を受け取った。でも、そんなことは許《ゆる》されない。医療は金儲《かねもう》けの道具ではない」

ジェンナーは種痘法の特許《とっきょ》をとることはしなかった。特許をとれば使用料が入り、自分は豊かになることができるが、それによってワクチンが高価になり、多くの人に行《ゆ》き届《とど》かなくなる。

「僕の夢は、天然痘の根絶《こんぜつ》だ。そのためには、ワクチンが広く行き渡る必要がある」

ジェンナーは１８０１年、牛痘種痘について詳細《しょうさい》に説明した「種痘の手引き」というパンフレットをつくり、その普及《ふきゅう》に努めた。

パンフレットの前置きには、こう書かれていた。

「牛痘種痘は天然痘を効果的に予防するが、危険性《きけんせい》はなく、特別な食事制限《しょくじせいげん》や薬を必要とせず、あらゆる年齢の人に、１年を通してどの季節でも行える」

こうして天然痘ワクチンの普及《ふきゅう》に努めたジェンナーは、１８２３年、病のため、73歳で亡くなった。

「種痘によって、天然痘は地球上から根絶される日がくるだろう」

ジェンナーのその予言は正しかった。１９８０年、世界保健機関（ＷＨＯ）は、世界から天然痘患者がいなくなったとして「世界天然痘根絶宣言《こんぜつせんげん》」を出した。

これまでのところ、天然痘は、人類が打ち勝つことのできた唯一《ゆいいつ》の感染症である。それだけでもジェンナーの功績の大きさがわかる。

だがジェンナーの功績は、それだけではない。ジェンナーの天然痘予防接種の理論は、その後の研究者たちに多くの影響《えいきょう》を与《あた》えた。ジェンナーが亡くなる前年に生まれたフランスのある学者は、感染症の原因を突《つ》きとめ、感染症に打ち勝つ方法を次々と見つけていくことになる。

科学の
先駆者たち

麻酔《ますい》手術に人生をかけた家族

華岡青洲《はなおかせいしゅう》

「患者さんがいらっしゃいました」

「うむ。入れてくれ」

華岡青洲《はなおかせいしゅう》は、父・直道《なおみち》の診療所《しんりょうじょ》を手伝いながら、医学の手ほどきを受けていた。

診療所には、ありとあらゆる病気の患者《かんじゃ》や怪我人《けがにん》がやってきた。父は、それらの患者を次々と診察し、手当てをし、薬を与《あた》え、無事に回復させていった。しかし、中にはなんの処置もできず、命を落とす患者もいた。

「すまないが、ここでは何もできない」

「どうしてですか？　この腫瘍《しゅよう》は、とれないんですか？」

「切開するには麻酔薬《ますいやく》がないと。麻酔薬がないと、痛くて手術に耐《た》えられない」

「その麻酔薬、どこかで手に入らないんですか？」

「ないよ。まだ、どこにもないんだ」

その若い女性患者の左胸には、目で見てわかるほどの腫瘍ができていて、それは日に日に大きくなっていた。

「すまないね」

患者は泣きながら出ていった。

「あの患者は、もう長くはないだろうな。麻酔薬さえあれば、手術ができるのに……」

父はそう言って唇《くちびる》をかみしめた。

「麻酔薬は、作れないんですか？」

青洲はそう聞いてみたものの、父は「無理だ」と首を小さく振った。

こんなことが、何度もあった。

「すべての患者を救えるわけではないんだ。自分がこれから学ぶ医学にも限界がある。でも、なんとかならないか……」

青洲は、そんなことを考えていた。


華岡青洲は、1760年10月23日、紀州《きしゅう》の西野山（現在の和歌山県紀の川市）で生まれた。

実家の華岡家は、青洲の祖父の代から診療所を守ってきた医者の家系で、青洲も当然のように父のもとで医学を学び、診療所を継《つ》ぐつもりだった。

しかし、田舎《いなか》の紀州にいては、学べることにも限界がある。

「もっといろいろなことを勉強したい」

そう思った青洲は、思い切って両親に相談した。

「京都に行かせてください。新しい医学の知識を学びたいんです」

「それは、わしも考えていたことだよ。わしが、お前に教えられることはもうないからね。京都へ行ってきなさい」

父はそう言って笑った。

「しかし、診療所の人手が足りなくなるし、学費もかかります」

「心配せんでいい」

母が口をはさんだ。

「診療所は私も手伝うし、妹たちもいるから。機織《はたお》りだってお金になるわ。あんたは一生懸命《いっしょうけんめい》勉強してきなさい」

父と母、それに妹たちが、青洲の京都留学を支えてくれるというのだ。

「……ありがとうございます」

青洲は深々と頭を下げた。

数日後、晴《は》れ渡《わた》る空のもと、青洲は家族に見送られ故郷をあとにした。23歳のときだった。

京都に着いた青洲は、何人かの有名な医者のもとを訪れた。

最初に訪ねたのは、吉益南涯《よしますなんがい》だった。彼は青洲を快く迎え入れて、漢方医学による薬の調合などを教えてくれた。

「こんな調合法、紀州では聞いたことがなかった」

青洲には、毎日が発見の連続だった。

それから、大和見立《やまとけんりゅう》（見水《けんすい》）という医者のもとを訪ねた。大和は外科の手術の専門家だった。

「これが、オランダから入ってきたカスパル流だ。よく見てろ。メスを用いて膿を出し、針《はり》と糸で傷《きず》口《くち》を縫《ぬ》う……」

大和は、慣れた手つきであっというまに患者の傷口をふさいだ。

「初歩的な技術だが、これが基本になる。覚えておいたほうがいいぞ」

「はい」

青洲は、大和の診療所で手術の技術を磨《みが》いた。

診療所で忙《いそが》しくするかたわら、青洲は時間を見つけては京都の町を歩きまわり、田舎《いなか》では手に入らない医学書や医療器具を買い集めた。

そんな医学書の中に、永富独嘯庵《ながとみどくしょうあん》の『漫遊雑記《まんゆうざっき》』という本があった。深夜、部屋で疲《つか》れをいやしながらその本をぱらぱらとめくっていると、ある記述に目がとまった。

——欧州《おうしゅう》では乳がんを手術で治療するが、日本ではまだ行われておらず、後続の医師に期待する。

青洲は驚《おどろ》いた。

「なんだって！　欧州では乳がんの手術が行われているのか！　どれだけ患者に負担を与えてしまうんだ……」

腫瘍《しゅよう》を摘出《てきしゅつ》できず、悔《くや》しがる父の顔が浮《う》かんだ。

「乳がんを根治《こんち》するほど大きく切ると、患者には耐《た》えがたい痛みをともなう。父が言っていた麻酔薬がなければ……治療法がわかっていても、麻酔薬がないと絵に描いた餅《もち》でしかない」

青洲は、麻酔薬の必要性を痛感した。

しかし、この麻酔薬というのは、日本だけが技術的に遅《おく》れていたわけではない。麻酔薬は、世界を見回しても開発が遅れている分野だった。

古来、世界の医者たちは手術の時の苦痛をやわらげる方法を模索《もさく》してきた。

中世のアラブの医者たちは、麻薬のアヘンなどにひたした「眠《ねむ》りスポンジ」と呼《よ》ぶものを患者の鼻や口にあてていた。それがヨーロッパに入り、16世紀の医者であるパラケルススはアヘンがアルコールによく溶《と》けることを見出して、アヘンキチンを開発した。17世紀末には、イギリスのシデナムが、アヘンキチンの独自の処方を開発し、鎮痛剤《ちんつうざい》として広く用いられるようになった。

18世紀末、ドイツの医者アントン・メスメルは「メスメリズム」という方法を考案した。それは、患者を昏睡《こんすい》状態において、痛みに対する感覚を鈍《にぶ》らせるというものだった。

また、この頃になると、手術中の痛みの緩和《かんわ》にはガスや蒸気《じょうき》を吸入させると効果がありそうだと考えられるようになった。1799年、イギリスの化学者ハンフリー・デーヴィーは、亜酸化窒素《あさんかちっそ》の酩酊《めいてい》効果を観察し、「これは外科手術のときに利用できるかもしれない」と考えた。しかし、この「笑気《しょうき》ガス」と呼《よ》ばれる亜酸化窒素は、もっぱら楽しみのために吸《す》われるだけで、実際に医療現場で使われることはなかった。

ヨーロッパで麻酔《ますい》の技術が確立するまでには、さらに何十年もの月日が必要だったのである。

「なんだ、これは?」

ある日、麻酔について調べていた青洲は目を丸くした。

「華佗《かだ》……」

それは、中国の医学書に記されていた人物で、1500年以上の昔に活躍《かつやく》したといわれる中国の伝説的医者の名前だった。

彼が行った治療によると、麻酔薬を使って患者を深い眠《ねむ》りにつかせ、そのあいだに体を切って患部を取《と》り除《のぞ》き、ふたたび傷口を縫《ぬ》って大病を完治させたというのである。

「まことか……」

青洲は、同じ記述をなんどもなんども読み返した。

「そんな大昔に、麻酔薬を使った手術を行っていたというのは、にわかには信じられない」

しかし、単なる伝説とも思えないほど、その記述は詳細《しょうさい》だった。青洲は、すがるような気持ちでこの話を信じることにした。

「麻酔薬はある……。麻酔薬があれば患者に痛い思いをさせることなく、大きな手術ができる。乳がんも治る。不治の病とされる病気も治る。父が救えなかった命を救えるはずだ」

この時から、青洲の麻酔薬作りが始まった。

「わたしは日本の華佗になる！」

青洲はそう決心して、早速、薬草の採取に取りかかった。

華佗が手術の時に使った眠り薬には、「曼陀羅華《まんだらげ》（別名チョウセンアサガオ）」とよばれる白い花が使われたと書かれていた。

「華佗が用いた麻酔薬は、曼陀羅華が主成分なのは間違いない」

曼陀羅華の白い花は、「天上に咲く」とされるほどに可憐《かれん》で、見る者を喜ばせる。だが、ひとたび花弁を口にすれば、精神錯乱《せいしんさくらん》するほどの強い毒性と幻覚作用《げんかくさよう》がある。

こうした特性をもつ曼陀羅華を、そのまま患者に与《あた》えるわけにはいかない。強い幻覚作用を引き起こして苦しみ、下手をすれば死に至《いた》ることになるからだ。

「この花を麻酔《ますい》として使うには、ほかの材料をうまく調合しないと……」

しかし、曼陀羅華以外のことは、ほとんど記録が残っていなかった。

麻酔薬について詳《くわ》しい医者もいない。青洲はたった一人でこの戦いに挑まなければいけなかった。

1785年、3年の京都留学ののち、青洲は西野山の実家に戻り、父の診療所を継《つ》いだ。父は青洲の仕事ぶりを目を細めて喜んでいた。

ところが、その年、父は他界してしまう。

「父上が果たせなかった分まで、たくさんの人を救ってみせます」

冷たくなった父の手を握《にぎ》り、青洲はそう誓《ちか》った。青洲は、父の医者としての苦しみを知っていた。救いたい命を救えない。その無念を晴らしたかった。

一家の大黒柱を失い、暗く沈《しず》んでいた華岡家の新たな光となったのは、まもなく青洲が妻に迎えた加恵《かえ》だった。

「ふつつか者ですが、末永くよろしくお願いします」

なんと品のよい女性だろう。青洲はそう思った。

加恵は、紀州では名家として知られている妹背《いもせ》家の娘だった。妹背家は、紀州の殿様《とのさま》が江戸に参勤《さんきん》交代《こうたい》する時の宿としていたほど、由緒《ゆいしょ》ある家柄だった。当時、そのような家柄の娘が、田舎《いなか》の開業医に嫁《とつ》ぐことはまれだった。それにもかかわらず華岡家と妹背家の婚礼が実現したのは、その頃から青洲の医者としての腕《うで》のよさが広く知れわたり、将来を期待されていたからだろう。

二人は、子宝にも恵まれた。

「この子のためにも、がんばらねば」

青洲は、どんな患者でも親身に治療《ちりょう》し、昼夜問わず忙《いそが》しく働いた。

そんな忙しい合間をぬって、一人で全身麻酔薬の研究も進めた。しかし、あいかわらず参考になるような本も手がかりも見つからなかった。

「これでは、提灯《ちょうちん》なしで真っ暗な夜道を進むようなものだな」

青洲はため息をついた。

「中国の華佗《かだ》は、麻酔による手術を行った。でも、なぜ、その麻酔薬の具体的な配合を後世に伝えなかったんだろう。そんな大事なことを……」

一説には、華佗は当時仕えていた魏国《ぎこく》の王・曹操《そうそう》に脳《のう》の手術をすすめたが、それが曹操に対する暗殺計画ではないかと疑《うたが》いをかけられたといわれる。そのせいで、華佗は投獄《とうごく》された。そのため記録を残せなかったか、あるいは記録を消されてしまったのだろう。

「何も手がかりがないのでは、自分で試すほかないな。曼陀羅華がもつ強い幻覚作用をいかにしてやわらげるか？　曼陀羅華に、どんな薬草を組み合わせればいいのだろう？」

青洲は、川沿《かわぞ》いの十手を歩いたり、森にわけ入っては、さまざまな薬草を集めてきた。その薬草をすりつぶし、熱を加えた曼陀羅華に混ぜていく。

「これは違う……。これもダメだ」

この当時、日本には「実験」という言葉や概念《がいねん》もなかった。しかし、青洲が行ったことは紛《まぎ》れもない「実験」だった。青洲は調合した薬草とその結果をつぶさに記録し、理想とする麻酔薬に近づけていった。

「漢方薬には、痛みをやわらげる薬草がある。あれを調合したらどうだろう？」

青洲は、夜を徹《てっ》して実験を続けた。


薬というのは、実際に使ってみないと効果がわからない。

青洲は悩《なや》んだ。

「……しかたない。動物で試すか」

青洲はイヌやウサギを近所でつかまえてきては、「すまんな」と言って薬を飲ませ、その反応を観察した。中には、死んでしまう動物もいた。

「やはり曼陀羅華《まんだらげ》が強すぎたか」

動物が死んでも、実験は続けるほかなかった。青洲があまりに多くのイヌを実験に使ったので、診療所のある西野山の村から、ほとんどイヌが消えてしまったといわれる。

青洲は、それでもあきらめることなく、実験を続けた。そしてある日、青洲は大きな転機を迎《むか》える。その時も、薬を飲ませたイヌはまるで死んだように数日間眠《ねむ》り続けていた。

「これも、だめか……」

そう思っていると、夕方になってイヌに異変があらわれた。

「おう！　おまえ、目を覚ましたか」

イヌは突然《とつぜん》むくりと起き上がり、青洲に向かって何度も吠《ほ》えた。餌《えさ》をくれと言っているようだった。餌を与えると、あっというまに食べつくし、何事もなかったように元気に外へ飛び出していった。

「ついにできたかもしれない！」

青洲が調合した薬草は、次のようなものだ。

・曼陀羅華《まんだらげ》…八分　・草烏頭《くさうず》…二分　・白芷《びゃくし》…二分　・当帰《とうき》…二分

・川芎《せんきゅう》…二分　・南星炒《なんせいしゃ》…一分

これらの6種類の薬草を調合して作った麻酔薬は「通仙散《つうせんさん》」と名づけられた。

通仙散が、なぜ麻酔の効果を発揮《はっき》したかというと、曼陀羅華に含《ふく》まれる成分に熱を加えることで、脳《のう》や脊髄《せきずい》などの中枢神経系《ちゅうすうしんけいけい》の活動を抑制《よくせい》するはたらきが生まれるからだ。このことは、現在の薬の研究から見ても間違いないものだった。

完成した通仙散を前に、喜びと達成感にひたっていた青洲だったが、すぐに我《われ》に返《かえ》った。

「これをいきなり人間に使っていいのか？　イヌでうまくいったからといって、人間でもうまくいくとはかぎらない。次は人間で試さないと……」

だが、人間を相手に実験を行うのは、大きな危険《きけん》をともなう。

「もしものことがあったら、どうする？」

実験だからといって、誰かを危険《きけん》な目にあわせるわけにはいかない。青洲は頭を抱《かか》えたが、答えは見えてこなかった。

「自分の体で試そうか」とも思ったが、自分が死んでしまったら薬の実用化は叶《かな》わない。

結局、せっかく作った通仙散は、誰にも服用させることなく、引き出しの奥深《おくふか》くにしまわれたままになった。

それから、しばらくした頃だった。

「兄さん、大変。於勝《おかつ》姉さんの乳、スイカみたいに腫《は》れてるわ」

下の妹が、診察室に入ってきて言った。

「於勝が!?」

青洲は悪い予感がした。妹の於勝の具合が悪そうなことには気づいていた。このところ、「疲《つか》れた」と苦しそうにして、横になることが多かった於勝の様子を思い出した。

「すぐ呼《よ》んでくれ」

於勝は、「大丈夫《だいじょうぶ》」と言って拒《こば》んだが、家族みんなで説得して、青洲の前に座らせた。

「於勝、見せてみろ」

青洲は於勝を布団に寝《ね》かせ、胸のあたりを見てみた。

「思ったとおりだ」

於勝の片方の乳房は紫《むらさき》がかった赤色になり、驚くほど大きく腫れ上がっていた。

「痛いか?」

「うずきます」

於勝は小さくうなずいた。

「乳がんですか?」

不安げな目で、於勝が青洲を見つめている。診療所で働く人間は、だいたいの症状《しょうじょう》は知らず知らずのうちに理解している。於勝も、自分のこの症状が乳がんであることに気づいているのだろう。

「なんで隠《かく》してたんだ……」

青洲は悔《くや》しがった。自分がそばにいながら気づいてやれなかった。於勝は家族に迷惑《めいわく》をかけられないという思いから、自分からは言わなかったのだ。

乳房を切れば、腫瘍《しゅよう》を取《と》り除《のぞ》くことはできる。青洲はその技術はもっている。でも、手術には耐《た》え難《がた》い痛みをともなう。そんなことを妹にできるはずもない。

「通仙散を試す時か……」

青洲の脳裏《のうり》を、そんな考えがよぎった。

しかし、すぐにその思いを振《ふ》り払《はら》った。もしも妹を通仙散で眠《ねむ》らせ、手術をすれば、うまくいけば助かるかもしれない。でも、うまくいく保証はない。それはどちらかというと、薬を試したいという、自分のエゴでしかなかった。

すると、青洲の心のうちを読んでいるかのように、於勝は言った。

「兄さん、通仙散を飲んではいけないのですか？」

「なに!?」

「通仙散、できたと聞きました」

通仙散ができたことは妹たちには黙《だま》っていたが、母から聞いたのだろう。

「そうだな。でも、まだ人には試していない。死んでしまうかもしれない」

「私に、通仙散を飲ませてください。乳を切ってください」

於勝の声は震《ふる》えていた。一筋の涙《なみだ》が顔の横をつたった。

「なにを言ってるんだ、於勝。そんなことはできない」

「どうしてです？」

「危《あぶ》なすぎる」

「兄さんの研究のために命を落とすなら、本望です……」

「だまれ！」

青洲が思わず声を荒《あら》らげると、於勝はビクッと体をこわばらせた。

「……」

「すまん、於勝」

青洲はたまらず部屋を出た。誰もいない河原まで走っていくと、声をあげて泣いた。

於勝の死期が近いことはわかった。

麻酔薬を使って乳房を切り、腫瘍《しゅよう》を取り出すことに成功したとしても、すでに腫瘍は体じゅうに広がっている恐《おそ》れがあった。そうなれば、助かる見込みはないだろう。それでは、死を前にした妹を実験台にするだけだった。

「もっと早く、通仙散を人間で試していれば……」

青洲は悔《く》やんだが、すでに遅《おそ》かった。

於勝は食事も喉《のど》を通らなくなり、日に日にやつれていった。青洲がしてやれることは、せめて安らかな最期を迎《むか》えさせてやることだけだった。

「兄さんに診《み》てもらって、よかったわ……」

於勝はそう言って、静かに息をひきとった。


「通仙散を人間で試すほかない」

青洲はそう決意を固めた。於勝の死に報《むく》いるには、それしかなかった。

「なぜ、今までためらっていたんだ……」

そんな青洲の思いは、いちばん身近な母・於継《おつぎ》と妻・加恵《かえ》がよくわかっていた。誰かが実験台にならなければ、前には進まない。

二人は自ら進んで、「通仙散を自分で試してほしい」と申し出た。青洲も、どのみち家族に協力してもらうしかないと思っていた。

「お願いします」

青洲は、二人に深々と頭を下げた。

青洲はそれから一ヵ月かけて、人間でも試せる薬を作った。

通仙散には、麻酔としての効果がある。だが、その効果の本質は「急性中毒による中枢神経系《ちゅうすうしんけいけい》の活動低下」であり、現在の麻酔のように、使用後すぐに眠《ねむ》りに落ちるわけではない。意識を失うまでに、かなりの苦痛をともなうものだった。

通仙散を服用すると、まず脈が少しずつ速くなり、胸の動悸《どうき》が激しくなる。さらには舌やくちびるが乾《かわ》き始《はじ》め、顔がほてったように赤くなる。吐《は》き気《け》や頭痛に襲《おそ》われることもある。その後は、瞳孔《どうこう》が開き、熱が少し出て、体をバタつかせ、うわ言を発するようになる。そのような状態を抜けると、やがて意識がうすれ、無意識状態になるのだ。

はじめに実験台となったのは、母・於継だった。

「母上、すみません」

「へいきよ」

母は、青洲が用意した薬を飲みほし、すぐに布団に横になった。

「苦しかったり、痛みが出たら、すぐ言ってください」

於継は黙《だま》ったままうなずいた。

しばらくすると、於継の頬に赤みがさし、熱が出てきた。

「これはまずいな……」

そのうち於継は、唸《うな》り声《ごえ》をあげて全身をくねらせ、暴《あば》れ出《だ》した。青洲はその両腕《りょううで》をおさえこんだ。

「母上！」

その呼《よ》びかけに、於継はハッと我《われ》にかえって、少し落ち着いた。

「苦しいですか？」

「いいえ、楽になったわ」

「よかった……」

それから、しだいに於継は麻酔の中に落ち込んでいった。いつしか体の力が抜《ぬ》けて動かなくなった。顔の火照《ほて》りはひき、脈も正常を取《と》り戻《もど》した。

「眠《ねむ》っているかのようだ」

完全に麻酔が効き目をあらわした。青洲はその一部始終を観察し、細かく記録をつけた。数時間後、於継は何事もなかったかのように目を覚ました。

「もうすみましたの？」

「ええ、うまくいきました」

於継の体に異常はなく、通仙散の最初の人体実験は成功に終わった。

一回目の成功で自信を深めた青洲は、「本来試したかったものでやろう」と、曼陀羅華《まんだらげ》の量を増やして通仙散を作った。

それを今度は、妻の加恵に飲ませた。すると、「くっ、苦しい……」と、於継の時とは比べものにならないほど早く効果があらわれた。

加恵の体は高熱に包《つつ》まれ、言葉にならないうめき声《こえ》をあげてうなされた。それからすぐに、深い眠りに落ちた。

「よかった……」

青洲は、ほっと胸をなでおろした。

ところが2晩と3日たっても、加恵は眠り続けた。声をかけてもなんの反応もない。

「加恵さん！」

於継が必死にゆすっても、加恵はぴくりともしなかった。

「加恵！」

「大丈夫《だいじょうぶ》かしら？」

「もうそろそろ目覚めるはずです」

そうは言ったものの、青洲は内心、「もしかしたら、このまま……」と覚悟《かくご》した。

母の時がうまくいったからと、曼陀羅華の量を一気に増やしてしまった。青洲は、もう少し慎重《しんちょう》にすべきだったと心から悔《く》やんだ。

「私のせいで……」

そうつぶやいた時、加恵はすっと薄目《うすめ》をあけた。

薬を飲んでから、3日目の夕刻だった。

「気がついたか？」

加恵は、口元に小さな笑みを浮《う》かべて応えた。

「加恵さん、心配したよ！」

母もほっと胸をなでおろした。

「よくがんばったな」

青洲は、妻の小さな手を両手で握《にぎ》った。

「加恵に投与《とうよ》した通仙散は、明らかに強すぎた。それが確認できたことは、実験としては収穫《しゅうかく》だったが、もう少しで妻の命を危険《きけん》にさらすところだった。今後は慎重《しんちょう》にやらなければ」

青洲はそう自分に言い聞かせた。

実験はそれから10年に及《およ》んだ。青洲には、通仙散が麻酔薬として手術に用いることができる段階に近づいているという手応えがあった。

しかし、ゴールに近づけば近づくほど、青洲はまわりが見えなくなっていた。

「もうすぐできる。あと1回、実験がうまくいけば……」

青洲は気づいていなかった。度重《たびかさ》なる麻酔薬の投与によって、母と妻の体が悲鳴をあげていたことに……。とくに厳《きび》しい状況にあったのは、加恵だ。青洲は、年老いた母よりも、若くて体力のある加恵に自然と多くの薬を与《あた》えるようになっていた。しかし、加恵は一度も拒《こば》むことなく、夫の作る薬を飲み、どんなにつらい症状《しょうじょう》にも耐《た》えていたのだ。

「加恵、起きたか？」

「はい」

いつものように加恵は、昏睡《こんすい》から目覚めた。意識ははっきりしていた。

「うまくいった！　これで薬は完成したようなものだ」

「……」

青洲は、すぐに観察記録をつけはじめた。

「起きて、飯でも食え」

「はい」

そう言ったものの、加恵はいつまでたっても起きる気配がない。不審《ふしん》に思った青洲は、妻の顔をのぞきこんだ。

「どうした？」

「……いえ、なんでもありません」

「具合が悪いのか？」

「目が……」

「目がどうした？」

「目の奥が痛みます……」

加恵は、しきりにまぶたのあたりをさすって気にしていた。

「そんなはずはない。通仙散は目を刺激《しげき》することはない……」

「では、気のせいかしら」

青洲は加恵のまぶたを開き、その前で手を軽く振ってみた。だが、瞳孔《どうこう》にはなんの反応もなかった。

「まさか……」

今度は蝋燭《ろうそく》の灯りを近づけてみたが、同じことだった。

「加恵……、わたしが見えるか?」

「影《かげ》のようなものが……」

加恵は視力を失っていた。

青洲は激しい後悔《こうかい》に襲《おそ》われたが、もう打つ手はなかった。

「なぜ気づいてやれなかったのか……」

青洲は顔をくしゃくしゃにして泣いたが、加恵にはもはやその顔を見ることはできなかった。触《ふ》れ合《あ》う夫の手の震《ふる》えとぬくもりを感じるだけだった。

日がたつと、加恵の目の奥の痛みは消えたが、かわりに、わずかに感じていた光の気配も消えた。

加恵は一人、深い闇《やみ》の世界に落ちていった。

まもなくして於継が病に倒れ、息をひきとる。

「母上、ありがとうございました」

加恵と於継のおかげで、麻酔薬の完成は目前にまで迫《せま》っていたが、もはや青洲の心には、なんの喜びもわいてこなかった。

青洲は自責の念から、自宅に部屋を建て増しするなど、加恵を献身的《けんしんてき》に支えた。

麻酔薬実用化のめどがたち、乳がんの手術の準備はできた。青洲は乳がん患者《かんじゃ》に手術をすすめてみたが、患者たちは一様に怖《こわ》がった。

「乳房を切り取るだなんて、たいそう痛いでしょうに」

「麻酔薬を使いますから、手術中の痛みはないですよ」

「痛いに決まってますわ。それに、麻酔薬って意識がなくなるんでしょう？　それも怖いわ」

そう言ってみな手術を敬遠《けいえん》し、そのまま命を落としていった。当時、乳がんは一度かかると治らない病気だった。

「助けられた命なのに……」

青洲は、何度も口惜《くちお》しい思いをした。

「乳がん手術なんて、誰も知らない。西洋の乳がん手術をやろうなんていうのが、そもそも間違いだったのか……。母上と加恵の体を犠牲《ぎせい》にして、せっかくここまで準備したというのに」

青洲があきらめかけていた頃、一人の若い男が年老いた母親を連れて現れた。1804年9月のはじめのことである。

「わしは、大和国《やまとのくに》の五条《ごじょう》（現在の奈良県五條市）で藍屋《あいや》を営《いとな》んでいる、利兵衛《りへえ》といいます」

「ほう。そんな遠いところから、ご苦労であった」

「商売がら、遠い国の噂《うわさ》が耳に入るもので。紀州《きしゅう》の西野山に、どのような病気でも治す華岡青洲という名医がいる、と聞きつけましてね」

「それはそれは。それで、母上の具合が悪いのですか？」

「ええ。母の勘《かん》は今年60歳になります。1年ほど前から胸が腫《は》れ、シコリができているようで。近所の医者に診《み》てもらったら、『これはおそらく乳がんだろう。私には手のほどこしようがない』と、薬もくれず、匙《さじ》を投げられてしまい……」

勘は旅の疲《つか》れもあり、すっかり憔悴《しょうすい》した様子だった。

「そうですか。では、診てみましょう」

青洲が診察《しんさつ》してみると、勘の左胸の乳房が大きく腫《は》れ上《あ》がり、その先端《せんたん》に石のようなかたまりができていた。

「これは、間違いなく乳がんですな」

青洲が言うと、利兵衛は、「先生なら、治せるんですか？」とすかさず聞いてきた。

青洲は言葉を選びながら、こう答えた。

「がんを切り取ることはできます。手術の痛みをなくす薬もあります。ですが、絶対に治せるとは断言できません」

「どうする？　おっかさん」

すると勘が口を開いた。

「私の姉もこの病気で命を落としました。このまま放っておけば、私も同じ運命になることはわかっています。どうか手術をしてください」

「わかりました。この手術をするのは、あなたが初めてになりますが、いいですか？」

勘はうなずいた。

「先生、どうかお願いします」

利兵衛は、すがるように青洲の手を握《にぎ》った。

こうして、麻酔薬を使った乳がん手術が決まった。勘は、青洲が乳がん手術をすすめた4人目の患者だった。

当時、医療研究の中心であったヨーロッパでさえ、全身麻酔によるがん摘出《てきしゅつ》手術は行われていなかった。青洲はたった一人で、人類史上初めての大手術にのぞむことになったのである。

「焦《あせ》るな。勘は高齢だ。手術に耐《た》えられるだけの体力があるか、しっかり見極《みきわ》めないといけない」

青洲は、はやる気持ちをおさえた。

調べてみると、勘は脚気《かっけ》を患《わずら》っていた。青洲は、まずは手術に耐えられる状態に回復させることが先決だと考え、勘を入院させて、40日ほどかけて乳がん以外の症状を治療した。

「顔色もいいですね。もう手術しても大丈夫でしょう」

青洲の言葉に、勘はしっかりとうなずいた。

1804年10月13日——。万全の準備が整った。

青洲はこの時のために、「コロンメス」や「バヨネット型剪刀《せんとう》」といった手術道具を京都の鍛冶屋《かじや》に作らせていた。コロンメスは、体を深く切れるように刃渡りを長くした刃物で、バヨネット型剪刀は、手元で大きく動かしても、先端《せんたん》部分では繊細《せんさい》な動きができるように考えられた刃物だった。

青洲は、これも新調した柿色《かきいろ》の麻《あさ》で織《お》った手術衣に身を包《つつ》んだ。

「では、始めよう！」

青洲は、早速手術室に広げた油紙の上に患者を寝《ね》かせ、湯で煎《せん》じた通仙散《つうせんさん》を飲ませた。度重なる実験から予想したとおり、勘は3～4時間後には深い眠《ねむ》りにつき、足をきつくつねっても目を覚ますことはなかった。

「よし、切開を始める」

青洲は勘の腫《は》れ上《あ》がった左胸の乳房にメスをあて、ためらいなくスッと引いて皮膚《ひふ》を縦に切開した。腫瘍《しゅよう》のかたまりをめざして切り進める。

「腫瘍が見えた……」

バヨネット型剪刀で、周囲の組織から慎重《しんちょう》に切りはがす。青洲の手つきは、初めてとは思えないほど滑《なめ》らかだった。

青洲の横では、弟子たちがその様子をつぶさに記録していた。

「さあ、腫瘍を取り出すぞ」

青洲は、切り開いた乳房から、拳ほどの大きさのかたまりを両手で引き出した。

「こんなに大きかったのか……」

弟子が思わずつぶやいた。

腫瘍を取り除《と》く《のぞ》と、傷口《きずぐち》を焼酎《しょうちゅう》で消毒し、切開した部分を縫《ぬ》い合《あ》わせた。

乳がんの手術はこうして無事に終わった。青洲は、みごとに人類史上初となる全身麻酔手術を成功させたのである。のちにこの日は、日本麻酔科学会により「麻酔の日」と定められることになる。

「これも、母上と加恵のおかげだ」

青洲は一番に妻のもとに駆《か》けより、手術が成功したことを興奮《こうふん》ぎみに報告した。

「おめでとうございます。お母さまもどんなにお喜びか……」

加恵の盲目《もうもく》の目から、涙が流れ落ちた。

加恵には、自分が麻酔薬開発の犠牲《ぎせい》になったという気持ちはなかった。後悔《こうかい》もなかった。ただ夫が子どものように喜ぶ声を聞いているうちに、自分が視力を失ったことは決して無駄《むだ》なことではなかった、自分は誰かの役に立ったのだと実感し、なんともいえない感動がこみあげてきた。

この乳がん摘出手術の成功を機に、青洲はこれまで抱《いだ》いてきた迷《まよ》いや疑念《ぎねん》をふりはらうかのように、次々と手術を行った。さまざまな腫瘍を摘出し、動脈瘤《どうみゃくりゅう》や脳水腫《のうすいしゅ》も手がけ、それまで不治の病とされた難病も治していった。

高齢だった勘は、残念ながら手術の4ヵ月後に死亡した。死因は、乳がんの再発と推定《すいてい》される。

しかし、青洲が手術した乳がん患者143名のうち、術後生存期間が判明《はんめい》するものだけを集めると、最短で8日、最長では41年生きている。平均すれば約3年7ヵ月の生存期間となる。

これは、200年以上も前の出来事であることや、ほとんどが外見に明らかにわかるほど進行した乳がんを対象としていたことを考えると、驚くべき実績といえる。

「私にも麻酔術を教えてください」

青洲が手術に成功したことは日本全国に知れ渡り、彼のもとには多くの医者や、医者を志《こころざ》す若者たちが集まってきた。これらの門下生を受け入れるには、診療所はあまりにも手狭《てぜま》すぎた。

そこで青洲は、近くの土地に門下生たちの宿舎《しゅくしゃ》や患者用の病室、さらに講義室《こうぎしつ》や看護師《かんごし》宿舎などを増設した。

青洲は、自分がもつ技術や知識を惜《お》しみなく伝え、医者として十分な技量を身につけた者には免《めん》状《じょう》（一種の医師免許《めんきょ》）を与《あた》えた。

病院と医塾《いじゅく》の機能を兼《か》ね備《そな》えたこの施設は「春林軒《しゅんりんけん》」と名づけられ、ここから多くの医者が巣立っていった。大坂中之島には分校「合水堂《がっすいどう》」もつくられ、全国各地から集まった門下生の数は、門人帳（学生名簿《めいぼ》）によると総計１８６１人に及《およ》ぶ。そのうち８２０名は、青洲の没後に入門した者たちだった。

あるとき、門下生が尋《たず》ねた。

「これほどすばらしい麻酔のお薬なら、私たちだけではなく、もっと広く作り方や使い方を教えたほうがよいのではないでしょうか？」

青洲は麻酔薬の処方の仕方を弟子たちに伝えた。しかし、「国に帰ったら、誰にも処方を明かしてはいけない」と約束させていた。そのため青洲は、気難しい秘密主義者と見られていたのである。

青洲は言った。

「これはとても危険《きけん》な薬だ。麻酔を使うには高度な技術と知識が必要だ。患者に危険が及ばないように、きちんと麻酔について学んだお前たちにしか教えられない」

麻酔薬を飲ませると患者は意識を失う。しかし、この状態は通常の睡眠時《すいみんじ》と異《こと》なり、舌がのどの奥《おく》のほうに落ち込み、呼吸の抑制《よくせい》が起こりやすく、窒息《ちっそく》することもある。こうした事態に対処するには、適切《てきせつ》な管理法を身につけた者でなければいけない。麻酔薬の処方がひとり歩きすれば、医療《いりょう》ミスがあちこちで起こりかねない。青洲は、そのことをもっとも心配していたのだ。

青洲の名は広く知れわたり、絶大な評価を受けるまでになっていた。しかし青洲は、いかに自身の名声が高まろうとも、医師としての本分を見失うことはなかった。

「侍医《じい》となって城下に住むように」

ある時、紀州藩主《きしゅうはんしゅ》の徳川治宝《とくがわはるとみ》からそんな求めがあった。医者としてこれ以上ない名誉《めいよ》なことであり、藩主からの求めとあっては、簡単に断ることもできない。

これに対し青洲は、「故郷《こきょう》で市井《しせい》の人々のために尽《つ》くしたい」として、1年の半分は侍医として城下町で過ごし、残りの半分は春林軒での診療を続けた。

青洲は、門下生にいつもこう話した。

「外科的な治療を行うには、内外合一《ないがいごういつ》、つまり患者の全身を内側から理解する必要がある。治療にあたるには、活物窮理《かつぶつきゅうり》、すなわち患者や病そのものを深く観察し、それでもわからない場合は実験すべきである」

この「内外合一・活物窮理」は、青洲の医療に対する考え方を示す重要な言葉として後世に伝えられた。現在でも、和歌山県立医科大学ではこの言葉がスローガンとして掲《かか》げられ、青洲の理念が継《けい》承《しょう》されている。

晩年の青洲は、目が不自由になった加恵を大切にいたわって過ごした。

1829年、その加恵が亡くなった。

「加恵、そなたのおかげで、多くの命が救われ、これからも救われる。ありがとう」

それから6年後の1835年、青洲も息をひきとった。

青洲の志《こころざし》は次男・修平に引き継がれ、さらにその息子、そしてその息子と、代々華岡家は医療に携《たずさ》わり続けた。青洲が世を去って170年以上が経つ今もなお、華岡家の子孫は医者として青洲の遺志を受け継いでいるという。

1846年、アメリカのボストン――。

「突然《とつぜん》お呼《よ》び立《た》てし、申《もう》し訳《わけ》ない」

「いえ……、それでどのようなご用でしょう？」

歯医者を営《いとな》むウィリアム・モートンは、ある医師の招《まね》きに応《おう》じてマサチューセッツ総合病院を訪れていた。

「麻酔《ますい》を使った抜歯《ばっし》を行ったと聞きました。どのようにして成功させたのですか?」

「なんてことはない。エーテルにひたしたハンカチを患者の口に当てて、それから抜歯を行ったんです。患者は痛みを感じることなく、抜歯ができました」

エーテルとは、鎮痛作用《ちんつうさよう》のある揮発性《きはっせい》の液体で、以前から無痛法を研究していたモートンは、麻酔として活用できるのではないかと着目したのだった。

「ほう、エーテルを……その麻酔術は、ほかの手術に応用できませんか?」

「たとえば?」

「患者の体にできた腫瘍《しゅよう》を取《と》り除《のぞ》くとか……」

「なるほど。それなら、エーテルをもっとしっかりと吸《す》わせる必要があるでしょう。ハンカチを当てるだけではダメだ」

「なんとかできませんか?」

「わかりました。やってみましょう」

こうしてモートンは、エーテルを用いた麻酔の方法を改良して、マサチューセッツ総合病院で手術を行うことになった。

モートンは、二方向に首のついたガラス球を使い、麻酔のための器具を作った。空気が一方の首から入ってガラス球の中のエーテルに浸《ひた》したスポンジを通過し、それを患者《かんじゃ》が反対側の首から吸入《きゅうにゅう》するしくみだ。

この麻酔の方法を使い、モートンはみごとに患者の首から良性腫瘍を取《と》り除《のぞ》く手術を成功させた。

しかしこれは、青洲が全身麻酔により乳がん手術を成功させてから、およそ40年も後のことであった。青洲の全身麻酔手術は、世界的にみても進んでいたことがわかる。

エーテル麻酔成功のニュースはたちまち欧米諸国《おうべいしょこく》に広まり、同年、イギリスで初の麻酔手術（大臼歯《きゅうし》の抜歯）が行われ、そのわずか2日後には脚《あし》の切断手術が行われた。

その後の研究で、エーテルを効率的に気化するためのさまざまな気化器が開発された。また、麻酔の深さによって、中枢神経《ちゅうすうしんけい》の部位が影響《えいきょう》を受けることもわかってきた。

その後、安全性を高めるための研究や、クロロホルムなど新たな麻酔薬の開発を通して、麻酔手術はさらに広がりをみせた。

麻酔技術は、外科手術に革命的な変化をもたらした。それまで外科医たちは、痛みと恐怖《きょうふ》により暴《あば》れる患者《かんじゃ》を力ずくで押さえつけながら手術をしなければならず、落ち着いた細やかな手術など到底不可能であった。しかし麻酔薬によって、ゆっくりと注意深く仕事を進めることができるようになったのである。

その後も、麻酔の技術は改良が加えられていった。

1874年には、吸入式よりもはるかに即効性《そっこうせい》のある静脈《じょうみゃく》麻酔薬が登場し、1884年には、部分麻酔が登場。1890年代には、脊髄《せきずい》麻酔《ますい》が導入《どうにゅう》された。

一方、青洲が開発した通仙散《つうせんさん》は世界に広まることなく、国内でも急速に衰退《すいたい》していった。

「通仙散ではダメだ。効き目が出るまで時間がかかりすぎる。これでは緊急《きんきゅう》の時に使えない。西洋の麻酔を導入《どうにゅう》しろ」

日本の医者たちはそう言って、通仙散を敬遠《けいえん》した。

西洋の麻酔は、早く効き、またその効果を自在に調節できる。通仙散はそんな時代の要求に応えることができなかったのだ。結果、青洲の通仙散は、西洋の麻酔技術にとってかわられてしまった。

しかし、麻酔薬開発のパイオニアとして、青洲の取り組みは国内外を問わず評価《ひょうか》されている。

青洲の没後《ぼつご》100年以上が経った1954年、アメリカのシカゴにある「国際外科学会」は、青洲の功績を称《たた》え、彼の書籍などの遺品を附属の栄誉館《えいよかん》に収蔵《しゅうぞう》した。

一人でも多くの患者を救いたいという青洲の思いは、海をこえて、現在の医師・研究者たちにも受《う》け継《つ》がれている。

科学の先駆者たち

目に見えない
病原体を求めて

パスツール

「父さん、この薬は何？」

「それか……。それはな、タンニンっていうんだ。植物からとったものだよ」

「何に使うの？」

「牛の皮を長時間つけるんだ。そうすると、皮がやわらかくなるし、腐《くさ》らなくなる。加工もしやすくなる」

「へぇ……。すごいにおいだね」

少年は、父親が働く地下室をうろうろして見てまわった。

牛や羊の毛皮を加工する皮なめし職人の父親は、地下室を仕事場とし、汗を流して黙々《もくもく》と作業をしている。棚《たな》には皮なめしに使う薬品が雑然《ざつぜん》と押しこまれ、独特《どくとく》のにおいがただよっていた。少年はそのにおいが嫌《きら》いではなかったし、薬品について知るのが好きだった。

この少年の名は、ルイ・パスツール。

彼は1822年12月27日、フランス東部のドールという田舎町《いなかまち》に生まれた。天然痘《てんねんとう》ワクチンを開発したジェンナーが亡くなる前年のことである。

パスツールは姉と妹にはさまれ、ただ一人の男の子として大事に育てられた。広々とした自然の中でトンボやセミを捕《つか》まえ、魚をすくって遊ぶと、最後はいつも父のいる地下室に入ってきて、薬品のにおいを確認するのだった。

「僕も大人になったら、父さんの仕事を手伝うよ」

「そうか。それは嬉《うれ》しいけど、おまえならもっと安定した、稼《かせ》ぎのいい仕事にもつけるはずだ。おまえは、学校の先生になりなさい」

「学校の先生!? なんで?」

「先生は、みんなから尊敬《そんけい》される、すばらしい仕事だよ。父さんは、おまえに苦労をさせたくないんだ」

「でも、僕の学校の成績、ふつうだよ。先生なんかになれないよ」

「これからがんばればいいさ」

パスツールの家庭は、決して裕福《ゆうふく》ではなかったが、父のジョゼフはどんな苦労をしてでも、我が子《わがこ》には学校教育を受けさせ、安定した仕事につかせたいと思っていた。

「父さんは、なんで僕に先生になってほしいのかなぁ?」

パスツールは母に聞いた。

「父さんは、若い時、軍隊にいたんだけど……」

「聞いたよ。ナポレオンの軍で活躍《かつやく》したんでしょ。勲章《くんしょう》をもらったんだよ!」

「そうよ。すごかったの。でもね、父さんは学校に行けなかったから、文字の読み書きができなかったの。それが悔《くや》しかったのね」

「読み書きができない人がいるのか……」

「学校に行けない人はそうなの。父さんは、軍隊にいる時、おじいちゃんとおばあちゃんに手紙が書けなくて、友だちに頭を下げて、代わりに書いてほしいって頼んだのよ」

「そんな……」

「そしたら、『なんだ、字も書けないのか』ってからかわれたの。だから父さんは、あなたには、そんな悔《くや》しい思いをしてもらいたくないと思ってるのよ。みんなに尊敬《そんけい》される先生になってほしい。それが父さんの願いよ」

「そうだったのか……」

パスツールは、小学校の成績は平凡《へいぼん》で、大人しく目立たない生徒だった。勉強よりも絵の才能があった。

「キミは、画家になれるよ」

先生や友だちはそう言った。それは嬉《うれ》しいことだったが、パスツールにそのつもりはなかった。

「学校に行かせてもらってることに、感謝しないと。父さんの期待に応《こた》えよう」

そう強く思うようになった。

小学校を卒業し、中等教育学校に入ったパスツールは、懸命《けんめい》に勉強した。すると、努力のかいあって、クラスでもトップの成績を収めるようになった。

「キミ、パリに行ってみる気はないかね？」

ある日、そう言ってパスツールを廊下《ろうか》で呼《よ》び止《と》めたのは、校長のロマネだった。

「えっ⁉　パリですか？」

「そうだ。キミなら、パリの高等師範学校《こうとうしはんがっこう》（エコール・ノルマル・シュペリウール）に進学できると思うんだ」

パリの高等師範学校は、フランスでも最優秀といわれる、ひと握《にぎ》りの生徒しか入学できない超難関校で、教師の養成学校だった。

「僕なんかで、大丈夫《だいじょうぶ》でしょうか？」

「キミのような学生こそ、あの学校で学ぶべきだよ。キミは、完全に理解しなければ気がすまない性格のようだね。ほかの先生方は、キミのことを、ただ頑固《がんこ》で要領《ようりょう》が悪いと思っているようだが、私にはそうは思えん。与《あた》えられた問題にとことん向き合うことができるのは、すばらしい才能だよ」

「そうですか……」

パスツールは、自分が頑固な性格と見られているとは思っていなかったが、ロマネ校長の言葉で、彼の学問への興味はかき立てられた。

「チャレンジしてみてはどうかね？」

「考えてみます」

――パリか……。いいかもしれないな。

このことを家族に話すと、父のジョゼフは、ことのほか喜んだ。

「もちろん応援《おうえん》するぞ！　がんばりなさい」

家計は苦しかったが、ジョゼフは勉強のための資金を用意してくれた。

高等師範学校の入学試験を受けるには、そのための勉強をする学校に入らなければいけない。そこでパスツールも、パリの寄宿学校《きしゅくがっこう》に入った。

ところが、初めて親元を離れたパスツールは、重いホームシックにかかってしまい、たった1ヵ月で故郷《こきょう》に帰ってきた。

「ごめん、父さん……」

「焦《あせ》らずやりなさい。おまえならできる」

パスツールは、地元の学校に通いながら、高等師範学校の入学試験に備《そな》えることにした。

「ここであきらめてはいけない」

何度もくじけそうになったが、持ち前のねばり強さで地道に勉強を続け、パスツールはみごと合格した。

「おめでとう！」

両親は息子を抱《だ》きよせ、大喜びした。

「ありがとう。……でも、合格者22名のうち、15番目だよ」

パスツールは、入学試験の成績に不満があるようだった。

「何番でも、合格したことには変わりないさ」

「入学してから挽回《ばんかい》すればいいわ」

順位を気にする息子を両親はなぐさめたが、物事をとことんまで極《きわ》めたい性格のパスツールには、どうしても納得がいかなかった。

「二流の学生としてスタートするより、もう一度受験して、トップの成績で入り直すよ」

「なんだって!?」

こうしてパスツールは、翌年また受験しなおし、4番の成績で合格した。1番ではなかったが、今度は自信をもって入学することができた。

1843年、パスツールはまもなく21歳になろうとしていた。


「……この試薬なら、どうなるかな?」

パスツールは、高等師範学校で化学と物理を専攻《せんこう》し、そこで頻繁《ひんぱん》に行われる実験の面白さに目覚めていった。

「ずっと実験室で研究を続けられたら、どんなに楽しいだろう……」

ぼんやりとそんなことを考えた。実験室は、パスツールが一番好きな場所であり、一番落ち着く場所だった。

「でも、僕は先生にならないと」

やがて、パスツールは高成績で高等師範学校を卒業した。父の期待どおりに教員免許《めんきょ》も取得し、リヨンの南にある小さな町トゥルノンの、中等教育学校の物理教師に任命された。

「ずいぶん田舎《いなか》に行かないといけないんだな」

パスツールはまったく気が乗らなかった。でも、これは父が望んでいた仕事だ。パスツールにとって、父の期待に応えることは、何よりの目標だった。たとえ気乗りしなくても、行かなければ。

パリでの学生生活を切り上げようとしていた時、パスツールは、化学の指導をしていたアントワーヌ・バラール教授に声をかけられた。彼は、パスツールの才能を見抜いていた。

「よかったら、私の助手として働かないか？」

バラールは言った。

「えっ、いいんですか？」

「キミは先生になるより、科学者になるほうが向いている。できたら、私の実験を手伝ってほしいんだけどね」

「光栄です……でも、父に相談しないと」

本当はすぐにでも引き受けたかったが、これまで学費を工面してくれたのは、父ジョゼフだった。その父を悲しませることだけはしたくない。

パスツールは、父への手紙をつづった。

――バラール先生が、僕を助手として雇《やと》ってくれるとおっしゃっています。父さんの期待を裏切ることになりますが、僕はどうしても科学の道に進みたいのです。父さん、どうかお許《ゆる》しください。

すると、まもなく父から返事がきた。

——おまえに先生になってほしいというのは、私の勝手な願いだ。おまえが進みたい道が見つかったというのなら、その道をとことん進んだらいい。

パスツールは、父の優しさに涙《なみだ》した。

父は、こうも書いていた。

——科学を愛するあまり、健康を害してしまった若者はたくさんいる。ただ、おまえなら、きっと成功するはずだ。応援《おうえん》しているよ。

当時、科学の研究者というのは、決して安定した仕事ではなかった。成功することは稀《まれ》であり、実験には危険《きけん》がつきものだ。父はそれだけが心配だったが、息子が望む道があるならば、それを応援してやりたいと心から思っていた。

「ありがとう、父さん！　僕は絶対に成功してみせます」

こうして、パスツールはリヨン行きを断り、バラールの実験室に入った。それから、くる日もくる日も顕微鏡《けんびきょう》をのぞきこんだ。パスツールにとって、それはこの上なく幸せな日々だった。

「この光を当てたときの性質の違いは、どこからくるのだろう？」

彼が最初に興味をもったのは、「結晶《けっしょう》」だった。それは当時の最先端《さいせんたん》の研究テーマでもあった。結晶は、規則的《きそくてき》で幾何学的《きかがくてき》な構造《こうぞう》をした物質で、塩や水のような無機化合物《むきかごうぶつ》からもつくられるし、砂糖《さとう》のような有機《ゆうき》化合物からもつくられる。

化学者たちは、結晶の構造に隠《かく》されている秘密を探ろうとしていた。それはつまり、原子や分子について研究するということにほかならない。ただし、当時はそれらについて、まだ何も分かっていなかった。

「どうかね？　順調に進んでいるかな？」

バラールが、パスツールの研究ノートをのぞきこんだ。

「ええ。ですが、一つ分からないことがあるんです。酒石酸《しゅせきさん》とラセミ酸（ブドウ酸）の結晶に光を当てたんですが、酒石酸では光は屈折《くっせつ》するのに、ラセミ酸ではその反応がにぶいんです」

「そうか。この２つの物質は、化学式がまったく同じなんだよね？」

「そうです。この違いがどこからくるのかが分からなくて……」

「結晶をよく観察することだね。きっと何かヒントがあるはずだよ」

パスツールは、結晶の研究材料として、酒石酸とラセミ酸を選んでいた。

酒石酸は、いろいろな果物や野菜に含《ふく》まれているが、ワインを作るときにブドウを発酵《はっこう》させる樽《たる》の底《そこ》にたまる沈殿物《ちんでんぶつ》に特に多いことが知られていた。フランスはブドウの生産量が多く、ワインの醸造所がたくさんある。その多くの樽に、酒石酸が沈殿していた。

この酒石酸と同じ化学式をもつ化学物質が、１８２２年に見つかった。それが「ラセミ酸」である。ラセミ酸は、酒石酸に水を加えて加熱すると現れる。

酒石酸とラセミ酸は、同じ化学式をもちながら、それぞれの結晶に光を当てると、まったく違う反応を示した。

「2つの結晶は同じにしか見えないけどなぁ……」

それから、何の成果も得られないまま、月日だけが過ぎた。

「化学式も同じなんだし、やはり2つの結晶は同じということかもしれない」

パスツールが、そうあきらめかけていた時、ふと結晶の細部の残像が頭に浮《う》かんだ。

「いや、同じではなかったぞ！」

パスツールは、もう一度顕微鏡をのぞきこんだ。酒石酸の結晶とラセミ酸の結晶を、何度も見比べる。

「似《に》てるようだけど違う。まるで鏡で映したような、別のかたちの結晶がまじってる！」

パズルが解けた瞬間《しゅんかん》だった。酒石酸とラセミ酸は、同じ化学式でありながら、異《こと》なる結晶構造をもっていることが明らかになったのである。

この発見によって、まだ20代半ばであったパスツールの名は、研究者たちのあいだに知れ渡るようになった。

「科学者たちを長年悩《なや》ませていた問題を解いた若者がいるぞ」

パスツールの噂《うわさ》は、ストラスブール大学の学長ローランのもとにも届《とど》いた。ローランは、すぐにパスツールを化学の助教授として招《まね》いた。

「ここで存分に実験に励《はげ》んでくれ」

「ありがとうございます」

学長のそばには、学長の娘マリーが笑顔で立っていた。

「はじめまして、よろしくどうぞ」

「はじめまして……」

パスツールの頬《ほお》はぽっと赤くなった。

「なんて美しい人なんだろう……」

この時から、パスツールはマリーのことが気になってしかたなくなった。研究をしていても、なんだか身が入らない。

いてもたってもいられなくなったパスツールは、ローランにあてて手紙を書いた。

——私は、マリーさんにずっと好意を抱《いだ》いております。どうか交際を認めていただけないでしょうか。

それを受けとったローランは驚《おどろ》いたが、同時に好感をもった。

「なんて一途《いちず》で正直な青年なんだろう」

ローランは、二人の交際を認めた。その時代は、異性と交際するのに相手の親の承認《しょうにん》が必要なこともあったのだ。

１年ほどした１８４９年、二人はめでたく結婚することになった。それからマリーは、どんな時も夫を支え続け、46年にわたって共に人生を歩むことになった。

１８５４年、パスツールは新しく開校したばかりのリール大学に招《まね》かれ、化学教授兼《けん》化学部長に就任《しゅうにん》した。32歳の時だ。

リールは、大きな工業地帯を抱《かか》えるフランス北部の都市だ。リール大学では、さまざまな産業に生かせるような、実用的な研究が求められていた。

パスツールが家族で移り住んだ自宅には実験室が設けられていて、彼はここで昼夜をとわず実験にあたることができた。

ある時、地元のワイン醸造業者《じょうぞうぎょうしゃ》がパスツールを訪ねてきた。この地域は、ボルドーと並んで古くからブドウの産地として有名で、ワインの醸造が盛《さか》んだった。

「先生、助けてくれ」

「どうしたんですか？」

「アルコールができない原因を調べてほしいんだ。ワインを作っても、アルコールができず、酸味《さんみ》が出てしまう樽《たる》がある。それで毎年莫大《ばくだい》な損失《そんしつ》を出しているんだ。このままでは、商売を続けられなくなる。なぜこんな失敗が起きるのか、調べてほしい」

「なるほど。アルコール発酵《はっこう》の問題ですね」

難しい課題だと思ったが、パスツールはすぐに興味をひかれた。

「いいでしょう。今度、醸造所を案内してください」

「ああ、頼むよ」

ワインは、ブドウのしぼり汁をアルコール発酵させて作られる。今では、発酵は微生物《びせいぶつ》によって起きることが分かっているが、当時はブドウの汁に元から含《ふく》まれている物質が複雑《ふくざつ》に影響《えいきょう》しあって起こるものと考えられていた。

しかし、パスツールはそれまでの研究から、「アルコール発酵には、何か目には見えない小さな生物が関わっているのではないか」と予想していた。

後日醸造所を訪れたパスツールは、酒樽《さかだる》を見てまわった。

「酸味が発生したという酒樽はどれですか？」

「これだよ」

「それでは、アルコールができた酒樽はどれですか？」

「これだ」

「うーん……見た目には、何も違いはないように見えますね」

「そうなんだ。だから、原因がちっとも分からなくて……」

「では、それぞれの液体を少しずついただいていきますよ」

パスツールは、発酵に失敗した液体と、発酵に成功した液体をそれぞれビンに詰めて持ち帰った。

「いったい、何が違うのだろうか？」

実験室に戻ったパスツールは、それぞれの液体をピペットで吸《す》いあげて、スライドグラスに一滴《てき》ずつ落とした。そして、それぞれ顕微鏡で観察してみる。

すると、アルコール発酵した液体には、小さな丸い粒《つぶ》がたくさん浮《う》かんでいるのが見えた。アルコール発酵に失敗して酸味が発生した液体には、その粒が見えない。

「この粒は生きているのかもしれない。この粒が生きていて、活動することでワインのアルコール発酵が進むのでは……」

観察を続けると、発酵に失敗した液体には、丸い小さな粒のほかにも、棒状《ぼうじょう》の粒がたくさんあることが分かった。

「形は違うが、これらの小さな粒は生きている」

パスツールが発見したこれらの小さな粒が、「微生物」である。

「では、樽の中で何が起きているんだろうか?」

パスツールは考えた。

——発酵に成功した液体の中に丸い微生物(アルコール酵母《こうぼ》)がいるということは、これがアルコール発酵を起こす微生物だ。しかし、棒状の微生物(桿状菌《かんじょうきん》)といっしょになると、丸い微生物のアルコールを別の成分に変えてしまうのかもしれない。そして、ブドウの成分を酢酸《さくさん》に変えてしまうのだろう。

パスツールは、このように「アルコール発酵《はっこう》のしくみ」を解明した。

「発酵は、微生物によって起こる現象である」

さっそくパスツールは、この研究成果を論文にして発表した。

ところが、あまりにも斬新《ざんしん》な内容であったため、「そんな小さな生き物が発酵に関係しているなんて、ありえない！」と、パスツールには厳しい批判《ひはん》が集まった。

それでもパスツールはまったく動じなかった。

「自分の研究には自信があります！」

リール地方の醸造業者《じょうぞうぎょうしゃ》たちには、こう言った。

「アルコール発酵の失敗を防《ふせ》ぐには、棒状の微生物を絶対に樽の中へ侵入《しんにゅう》させないようにしてください。これで解決します」

「なんですって!?」

「いや、ですから棒状の微生物を……」

言いかけて、パスツールははたと気がついた。微生物は、肉眼《にくがん》で見ることができない。具体的なやり方を示してあげないと、彼らはどうしたらいいか分かるわけがない、と。

だが、その「具体的な方法」を、パスツールはとっさに伝えることができず、醸造業者たちは怒って帰っていった。

「結局、科学者なんて、何の役にも立たない!!」

「期待したのが間違いだったな」

そんな声が聞こえてきた。

パスツールは、悔《くや》しい思いでその後ろ《うし》姿《すがた》を見送るしかなかった。

その後、パスツールは母校の高等師範学校《こうとうしはんがっこう》の教授兼《けん》理学部長として招《まね》かれたが、リールでの悔しい思いが消えることはなかった。

パスツールは、その思いをバネにして、アルコール発酵の研究を続けた。そんなある日、彼はワイン醸造にも役立つ、2種類の微生物がもつある重要な性質を発見する。

「分かったぞ！　あの棒状の微生物は熱に弱いんだ！」

微生物の性質を調べていくうち、棒状の微生物は、球状の微生物に比べて熱に弱く、摂氏《せっし》約60度以上では生きられないことが分かったのだ。

「つまり、約60度以上に加熱すれば、アルコール発酵は順調に進むということだ」

パスツールは、こうして「加熱処理法」を編《あ》み出《だ》した。彼は、その技術を伝えるため、すぐにリールの醸造業者たちのもとを訪れた。

「また来たのかい？　もうあんたに用はないよ」

「いえ、違うんです。醸造に失敗しない方法を見つけたんです」

「微生物がどうとか、難しいこと言われても困《こま》るんだよ」

「いえ、作業手順は簡単です！」

そうきっぱり言うと、醸造業者たちはようやく視線を向けた。

「熱湯で、丁寧《ていねい》に何回も空樽《からだる》を洗ってください」

パスツールは、ワインの樽の中を洗う真似をしながら、説明した。

「こうして熱湯処理をしてから、ブドウのアルコール発酵を始めるんです。それだけです」

「それだけ？」

「それだけです」

醸造業者たちは、「そんなことで何が変わるんだろうか」と半信半疑《はんしんはんぎ》ではあったが、言われたとおりに樽を熱湯で洗い、その樽を使ってその年のワインの醸造を始めた。

するとその年の秋、パスツールのもとに嬉《うれ》しい知らせが入った。

「発酵《はっこう》に失敗した樽はほとんどありませんでした！」

パスツールの加熱処理法が正しいことが証明《しょうめい》されたのだ。

「よかった！　これで醸造業者たちの暮らしもよくなるだろう」

このパスツールの開発した加熱処理法は、たちまちフランスのワイン醸造業者たちに広まった。これをきっかけに、フランスのワインの製造量はますます増加していったのである。

それにともない、パスツールの名声は高まった。フランス政府や各種産業団体などから、多くの勲《くん》章《しょう》やメダル、賞状が授与された。

またパスツールは、できあがったワインを腐《くさ》らせない方法も考え出した。

「できあがったワインを、摂氏《せっし》50度から60度で1時間熱してください。これで害のある微生物の発生を大幅《おおはば》に減らすことができます」

この「低温殺菌法」は、パスツールの名をとって「パスチャライゼーション（パスツール殺菌法）」と呼《よ》ばれた。そして、ワインだけでなく、ビールや酢《す》、牛乳などの、腐りやすい飲み物や食べ物にも使われるようになった。

「ぜひ低温殺菌法の特許《とっきょ》をとるべきだよ！　すごいお金になるぞ」

周りの研究者たちはそうすすめたが、パスツールにその考えはなかった。

「いや、お金はどうでもいいんだ。それより、誰でも自由に使えるようにしておいて、みんなの役に立てたほうがいい。科学とはそういうものだろ？」

パスツールは、特許料を受け取ってお金を稼《かせ》ぐよりも、科学の力を世の中に役立てようとしたのである。

「まだ見つかっていない微生物があるのかもしれない」

微生物と発酵のしくみを解き明かしたパスツールは、微生物についてさらに研究することにした。

ところが、微生物の研究を前に進めようとしているパスツールの前に、意地の悪い科学者たちが立ちふさがった。彼らは若くして成功を収めたパスツールをよく思っておらず、わざと難問《なんもん》を突《つ》きつけてきた。

「発酵や腐敗《ふはい》が微生物によるものだとしたら、そのような小さな生命体は、いったいどこから樽《たる》の中に入ってきたというのか？　自然に発生したというのか？　キミの説は、肝心《かんじん》なところが説明されていないんだよ」

これは、すなわち、「生命の起源」をめぐる問題だともいえる。そんな簡単に答えられるものではない。

それまで人々は、小さな植物や小さな生き物は、空中から自然に発生するものと信じていた。「自然発生説」である。

１６００年頃に顕微鏡《けんびきょう》が発明されてから、ごく小さな生物があらゆる場所にいることが明らかになっていたが、この小さな生物たちは土や水、あるいは空気から、自然に生まれると信じられていたのだ。

パスツールは考えた。

「どんなに小さくても、生物が自然に発生するはずがない。きっと、どこかからやってくるんだろう。でも、それをどうやって証明《しょうめい》すればいい？」

パスツールは、実験室のフラスコやガスバーナーをぼんやり見つめた。

「まず、微生物がまったくない状態を作るには……」

パスツールはフラスコを取り出すと、そこに栄養分を含《ふく》んだ液体（培養液《ばいようえき》）を入れた。それからガスバーナーでフラスコの上部だけを加熱し、やわらかくなったガラスをペンチでつまんで、フラスコの首の部分を白鳥の首のように曲げ、外の空気以外は入らないようにした。それから、フラスコの中の液体を加熱した。

「これで、液体の中の微生物は死滅《しめつ》したことになる。曲げた部分には空気中から落下した微生物がたまっているが、この微生物が長い首の部分を登って液体の中へ移動することはできない。このままの状態で観察してみよう。液体に微生物が発生しなければ、自然発生説は間違いということになる」

一週間後、フラスコ内の液体を顕微鏡で観察したところ、微生物らしいものはまったく見つからなかった。

それから微生物のたまっているフラスコの首を曲げた部分に液体を触れさせてみると、液体に微生物が混入し、すぐに腐敗《ふはい》が始まった。

「やったぞ。やはり、生物のいないところから生物は生まれないのだ。この小さな生物は外からやってきたんだ！」

こうしてパスツールは敵対する科学者たちが突《つ》きつけた難問をみごとに解決し、彼らの論理に真っ向から反対する、衝撃的《しょうげきてき》な結果を突《つ》きつけることに成功した。

ちなみに、自然発生説を否定したこの実験は、「白鳥の首フラスコ実験」と呼《よ》ばれ、科学史上に残る有名な実験として語《かた》り継《つ》がれている。

パスツールは、微生物の研究を通して、こう考えるようになった。

「微生物は、ワインや食べ物に影響《えいきょう》を与《あた》えるだけではない。もしかしたら、動物や人間の病気を引き起こす微生物もいるんじゃないか？」

パスツールは、微生物と病気をつなげて考えてみた。

「そうだとすると、微生物の種類によって、違う病気が引き起こされるということも考えられる」

当時の科学者や医者の中に、こんな微生物と病気をつなげて考えた人はいなかった。多くの人たちは、古くから言われていたように、病気の原因《げんいん》は有毒な蒸気《じょうき》やガスだと考えていたのである。

しかし、微生物と病気の関係をどうやって確かめればいいのか、さすがのパスツールにも、すぐにはアイデアが浮《う》かんでこなかった。

そんな時、南フランスの養蚕農家《ようさんのうか》から、こんな依頼《いらい》があった。

「カイコが病気で大量に死んでしまい、大打撃《だいだげき》を受けています。原因を探ってくれませんか？」

フランスは昔から養蚕が盛《さか》んで、有名な生糸《きいと》の生産国だった。カイコが病気で死に絶えてしまうと、生糸が生産できず、絹織物《きぬおりもの》産業に大きなダメージとなる。養蚕業者を救うことは、フランスという国を救うことを意味した。

「わかりました。調査してみましょう」

パスツールは国からの支援《しえん》も受けながら、調査を始めた。

「うーん……見るだけではよく分からない。実際にカイコを育ててみる必要があるな」

「先生、それなら、いい場所がありますよ」

パスツールと3人の助手は、南フランスのアレスの町の郊外に、一軒の家を借りることにした。そこで、カイコの飼育《しいく》をしながら研究を始めた。1865年のことだ。

しかし、この年、パスツールはつらい出来事が重なった。パスツールの活躍《かつやく》を誰よりも喜んでいた父ジョゼフ、そして幼い四女カミーユを病《やまい》で亡《な》くしたのだ。さらに翌年には、次女セシールをも病で失った。

あいつぐ悲しみに追いうちをかけるように、今度はパスツール自身を病気が襲《おそ》った。脳卒中《のうそっちゅう》で倒れ、命は助かったものの、後遺症《こういしょう》が残り、左半身が不自由になってしまった。

「先生、休んだほうがいいのでは」

「いや、私は大丈夫《だいじょうぶ》。ここでやめるわけにはいかないよ」

パスツールは強い意志をもって、研究を続けた。

カイコの病気は、カイコの白い体のあちこちに黒茶色の斑点《はんてん》があらわれることから「微粒子病《びりゅうしびょう》」と呼《よ》ばれていた。成虫となった蛾《が》が微粒子病にかかっていると、その蛾が産んだ卵から生まれる幼虫も、やがて病気になった。病気になったカイコを解剖《かいぼう》して内臓《ないぞう》をくまなく観察すると、小さな原虫のようなものが見つかった。

「これが病気を引き起こしている犯人《はんにん》ではないか？」

パスツールたちは、そう判断《はんだん》した。

ところが、そう簡単な話ではなかった。

「原虫が見あたらないのに、病気になっているカイコがいます」

「何だって？　原因《げんいん》は原虫ではなかったということか……」

死んでいくカイコの中には、体に斑点があらわれていないものもたくさんいた。やがてそれは、「軟化病《なんかびょう》」という別の病気が原因であると分かった。

「もう一度最初からやりなおしだな。微粒子病と軟化病、２つの病気の原因を探そう」

パスツールのチームは、根気強く研究を続けた。

「先生、分かりました！　微粒子病の原因は、黒茶色の斑点そのものです。この斑点自体が微生物だったのです。この微生物がうつって病気になります」

「先生、こちらも分かりました。軟化病の原因は、カイコの腸《ちょう》にたまったガスに群《むら》がる微生物のようです。カイコが食べた桑《くわ》の葉にも同じ微生物が発見されました。腐敗し始めた桑の葉をカイコが食べた時、病気がうつったと考えられます」

助手たちは、次々に原因を明らかにしていった。

「すると、カイコの病気は、２つとも微生物が原因ということだな？」

「はい」

「これは重要な発見だぞ。生き物の病気が微生物が原因だとしたら、人間の病気の原因も微生物にある可能性が高いはずだ」

「そういうことになりますね」

カイコの研究は、思わぬところから、「微生物と病気の関係」というパスツールの研究テーマにつながったのである。そしてこれをきっかけに、病気に関係する微生物として、さまざまな細菌《さいきん》があることが解明されてゆく。

パスツールは、カイコの病気を防《ふせ》ぐ具体的な方法を養蚕農家に伝えた。

「感染《かんせん》したカイコは、健康なカイコから隔離《かくり》してください。また、養蚕用の器具を消毒し、飼育小屋《しいくごや》をいつも清潔《せいけつ》にし、風通しをよくしてください」

この方法により、カイコの病気の広まりは収《おさ》まっていった。

同じ頃、ヨーロッパの農場では、炭疽病《たんそびょう》という恐《おそ》ろしい病気が広がっていた。ウシやヒツジなどの家畜《かちく》がこの病気にかかると、ほとんど回復できずに死んでしまう。あちこちの農場で家畜が死に、酪農家《らくのうか》たちには大きな損害《そんがい》が出ていた。

そんな時、「ドイツの若い医者が炭疽菌《たんそきん》を発見した」というニュースが、パスツールのもとに飛び込んできた。

「いったい誰だ？　その医者は？」

その医者の名は、ロベルト・コッホといった。コッホは、炭疽病は特定の細菌（炭疽菌）が原因であるということを、世界で初めて明らかにしたのである。

「20歳も年下のドイツ人に先を越《こ》されるとは……」

いつも冷静沈着《れいせいちんちゃく》なパスツールにも、この時ばかりは焦《あせ》りの色が浮《う》かんだ。

微生物や細菌の分野ではパイオニアであるという自負があった彼にとっては、名前も知らなかった若い医者に先を越されたという事実は衝撃的《しょうげきてき》なことだった。しかし、この出来事は、彼のやる気に火をつけることにもなった。

「コッホはたしかに病気の原因となる細菌を発見した。しかし、彼は治療法《ちりょうほう》や予防法を見つけたわけではない。家畜の病気を防《ふせ》ぐ方法を見つけなければ、なんの意味もないではないか」

パスツールは、炭疽病の治療法の開発に乗り出した。

ちょうどその時、助手がある噂《うわさ》を伝えた。

「ある山村の獣医《じゅうい》が、炭疽病の治療法を開発したらしいですよ」

「本当か？」

パスツールはその噂を信用しなかったが、念のため、その獣医のもとを訪ねることにした。

その獣医は、フランス東部の山あいに住んでいた。

「……それで、炭疽病の治療はどのように行っているんですか？」

「知りたいですか？　なら、やってみせましょう」

そう言って獣医は、パスツールたちを農場に連れ出した。

獣医はヒツジの皮膚《ひふ》の一部を切り開き、そこにテンピン油（松の根からとった油）を注ぎ込んだかと思うと、得体の知れないどろどろした液体を体全体に塗《ぬ》りつけた。

「これでは、まじないと変わらない」

パスツールはため息をついた。

「本当に効果があるのでしょうか？」

助手が獣医に尋《たず》ねると、獣医は、「ありますとも」と自信たっぷりに答えた。

「それなら、実験をやってみましょう」

パスツールたちは、4頭のウシを用意し、それぞれに炭疽病にかかったヒツジの血液を注射した。

そして、4頭のうち2頭には獣医の開発した治療法をほどこし、残り2頭はそのままとした。

結果は、治療をした2頭のうち1頭は生存し、1頭は死んだ。一方、治療をしなかった2頭のほうも、1頭は死んだが、もう1頭は生存し、元気な様子だった。

「やはり治療の効果はないですね」

「こんなはずではないのに……」

獣医は頭を抱えた。

一方、パスツールは眉間《みけん》にしわを寄《よ》せて、何やら考えている。

「どうしたんですか？」

「実に面白い結果だ」

「何がですか？」

助手が不思議そうに尋《たず》ねると、パスツールはウシを見つめながら言った。

「いや、治療法に効果がないのはわかった。でも、それよりも重要なことは、炭疽病にかかった血液を注射しても、４頭のうち２頭は自力で回復し、生きていることだよ」

助手は、そこで初めて気がついた。ウシが２分の１の確率で生存していたことに。

「ウシの中には、生まれながらに炭疽病《たんそびょう》にかかりにくい体質を備《そな》えたものがいるのかもしれない。いやそれとも、実験の前に一度炭疽病にかかって、運よく回復したことがあったのかも……。炭疽病にかかってそれを克服《こくふく》すると、炭疽病に打ち勝てる体になるという可能性もある。とにかく、この実験が治療法発見へのヒントになったことは確かだ」

「そうか……」

「獣医の治療法にはがっかりさせられたけど、ここへ来たことは無駄《むだ》ではなかったな」

パスツールは、そう言って笑った。


パスツールは、炭疽病の研究と同時に、ニワトリの伝染病であるニワトリコレラの研究を進めていた。ニワトリコレラの原因《げんいん》は、ニワトリコレラ菌《きん》という細菌であることが分かっていたが、依然《いぜん》として、その予防法や治療方法はまだ存在しなかった。養鶏農家《ようけいのうか》にとって、ニワトリの大量死は死活問題である。パスツールは、ニワトリコレラの蔓延《まんえん》を防ぐため、研究に取り組んだ。その研究中、パスツールに思いがけないことが起こった。

「先生、夏休み前に使っていた古い培養液は捨ててしまっていいですか？」

１８７９年の夏休み明けのことだった。実験室に久しぶりに戻《もど》った一人の助手が、休暇前《きゅうかまえ》に培養し、そのままになっていたニワトリコレラ菌を捨てようとした。

「うむ……。いや、待ってくれ」

パスツールは助手を引き止め、その古い培養液を見つめた。菌は死んではいないが、明らかに変色して活力を失っていた。

「こいつを注射してみよう」

「えっ!? これじゃ病気にもならないんじゃないですか？」

「そうだな。まぁ、やってみようじゃないか」

早速、パスツールたちはその古い培養液を数羽のニワトリに注射してみた。実験前に助手が予想した通り、どのニワトリも死ななかった。

「毒性が弱まっているから、当然ですよね」

「うむ。では、もっと新しくて毒性の強い培養液を、この同じニワトリに注射したらどうなるだろうか？」

「死ぬんじゃないですか」

助手たちには、目の前で行われている実験の意味が理解できなかった。ただ、言われるがままに毒性の強い培養液を同じニワトリに注射してみると、それらのニワトリは病気にならなかった。

「なぜだ!?」

助手たちの頭は混乱した。

「よくやった！　これは大発見だぞ！」

パスツールは一人で興奮《こうふん》している。

「先生、どういうことですか？」

「分からないかね？」

「ええ、まったく」

「つまりだな、古い培養液の中にいる細菌は、生きてはいるけど、毒性は弱くなっている。それを注射することによって、毒性の強い細菌に対する抵抗力《ていこうりょく》ができたということだよ」

「そうか……」

それは「免疫《めんえき》」という考え方だった。病原体の毒性を弱めたものを体内に入れると、いったん軽い病気にかかって抵抗力が生まれる。そうなると、毒性の強い病原体が体内に入ってきても抵抗力があるので発病しないか、軽い症状ですむのだ。

「この毒性を弱くした細菌を使うことで、ワクチンの開発ができるかもしれない」

「イギリスのジェンナーが天然痘《てんねんとう》ワクチンを開発しましたが、あれと同じものができるということですか？」

助手がパスツールに尋《たず》ねた。

「いや、同じではない。ジェンナーは、天然痘を予防するために、牛痘の膿を利用した。天然痘の場合は、たまたま牛痘にかかった人は天然痘にかからないということが分かったから、ワクチンを開発できた。しかし、あの方法はほかの感染症《かんせんしょう》には応用できない」

「たしかに……」

「いま我々《われわれ》がやろうとしていることは、ニワトリコレラ菌を用いて、同じニワトリコレラを予防しようという、まったく新しい方法だ。細菌を弱毒化してワクチンができるなら、この方法を応用して、ほかの感染症のワクチンを開発できる可能性がある」


パスツールは、すぐに炭疽病《たんそびょう》の研究に戻《もど》った。ニワトリコレラの研究で発見したばかりのワクチンの開発方法を、炭疽病にあてはめて試してみようと考えたのだ。

「うーん……炭疽菌の毒性をどうやって弱めるかが問題だな」

当初の予想では、炭疽菌を長い時間かけて培養《ばいよう》すると毒性が弱まると考えられたが、その仮説にもとづく実験は失敗に終わった。

「温度を変えたらどうだろうか？」

パスツールの助言に従い、助手たちは少しずつ温度を変えながら、炭疽菌がどのくらいの温度に耐《た》えられるのかを調べていった。

すると、いったん42度まで温度を上げると毒性は少しずつ弱まり、それから30度に戻すと、毒性は弱いままになることが分かった。

「先生、これならいけますよ！」

「よくやった！」

こうしてパスツールは、炭疽菌《たんそきん》の弱毒化に成功した。つまり、炭疽病のワクチン開発に成功したのである。

このニュースは酪農家《らくのうか》たちを喜ばせたが、「ほんとうに効くのか」と疑念《ぎねん》の声も絶えなかった。そこでパスツールは、公開実験に踏み切ることにした。

1881年5月、プイイ＝ル＝フォールの農場――。

酪農家や獣医、政治家、新聞記者、それに近所の住民らが農場の柵《さく》をとり囲《かこ》み、実験の開始を待っていた。

そこへパスツールたちは、50頭のヒツジ、10頭のウシ、2頭のヤギを連れて登場した。

これらの動物のうち、24頭のヒツジ、6頭のウシ、1頭のヤギには、5月5日と17日の2回、ワクチンを注射した。ほかの動物には何もしなかった。その後、5月31日、すべての動物に毒性の強い炭疽菌を注射した。

「本当にうまくいくだろうか？」

パスツールにも不安がなかったわけではない。ワクチンの効果には自信はあったが、動物たちが実験中にほかの病気にかかることもある。失敗する可能性も十分にあった。

6月2日、ついに実験結果が判明する朝を迎《むか》えた。

体の麻痺《まひ》が残るパスツールは、助手に支えられながら、ゆっくりと農場へ向かった。すると、夏の朝日が差しこむ農場には、すでに大勢の人たちが詰《つ》めかけていた。パスツールは、彼らの声で実験結果を知ることになった。

「成功したぞ！」

「先生、おめでとう！」

パスツールはあたたかい歓声《かんせい》に迎えられた。

実験は成功だった。

ワクチンを注射しなかった動物はすでに死んでいるか、あるいは死にかけている。しかし、ワクチンを注射した動物は、いずれも元気なままだった。

この公開実験の成功をきっかけに、炭疽病のワクチンが大量に生産されるようになった。

パスツールは、低温殺菌法の時と同様、ワクチンで儲《もう》けようとは思っていなかった。1本のワクチンの価格は、容器の値段にもならない10サンチーム（日本円で約150円）とした。

これによって、多くの家畜《かちく》が恐《おそ》ろしい病気から解放された。そして、酪農家たちの暮らしも救われたのである。

「このワクチンの技術は、人間のために応用しないといけない」

パスツールは、ついに人間の病気にねらいを定めた。「病気と微生物の関係」を追い求めてきたパスツールは、いよいよその本丸に向かったのである。

「ねらいは狂犬病《きょうけんびょう》だ。ワクチンで狂犬病を撲滅《ぼくめつ》しよう！」

当時、狂犬病は、動物だけではなく、人間にも感染《かんせん》する恐《おそ》ろしい病気だった。

狂犬病にかかった犬にかまれると、犬の歯やだ液についていた毒が人体に入る。毒は血液、さらに脊髄《せきずい》や脳《のう》にまで至《いた》り、口から泡《あわ》をふき、自覚を失い、錯乱《さくらん》状態になる。ほとんどの患者は苦しみぬいて死んでいった。

「狂犬病なら動物を使った実験ができる。研究もしやすいだろう」

ところが、この予想は大きく外れた。いくら顕微鏡《けんびきょう》をのぞいても、狂犬病の病原体が見つからなかったのだ。

それもそのはずで、狂犬病の病原体は、細菌よりもずっと小さなウイルスだったのである。当時はまだ、ウイルスという非常に小さな病原体の存在は誰も知らなかった。ウイルスは、パスツールの時代から半世紀後に開発された電子顕微鏡によって、初めて確認されることになる。

「狂犬病の病原体は細菌ではないのだろうか？」

いくら考えても、答えは出てこない。

「顕微鏡で見えないのでは、研究のしようがありません。研究対象をほかの病気に切《き》り替《か》えたほうがいいのでは？」

助手たちは、あきらめかけていた。ところが、パスツールは助手たちにこう言った。

「いや、待ってくれ。我々《われわれ》の研究の目的は何だ？　狂犬病の病原体を発見することではないはずだ。

狂犬病の予防法や治療法《ちりょうほう》を見つけ、病気を根絶《こんぜつ》することだ」

「……それはそうですが、病原体を発見しないことには、ワクチンはつくれません」

「そんなことはない。病原体が分からなくてもできるぞ」

「えっ!? どういうことですか?」

「狂犬病にかかった犬をよく見てみろ。最初はけいれんを起こして、体が震《ふる》える。あれはきっと脳《のう》がおかされている証拠《しょうこ》だよ。だから、脳の中にその病原体があるはずだ」

「そうか! 脳の中の液体をそのまま使えばいいのか」

「うん。やってみよう!」

パスツールたちは、狂犬病の犬の脳を解剖《かいぼう》し、脳の中の液体を取り出した。それを別の犬の脳に注入した。すると、移植された犬には短時間で症状《しょうじょう》があらわれた。これで、脳の中に病原体があることが確かめられた。

そこで、パスツールたちは、病原体の含《ふく》まれる脳の液体を培養《ばいよう》した。

「問題は、これをどうやって弱毒化するかだな……」

パスツールたちは、さまざまな動物を使って実験を繰《く》り返《かえ》し、最終的に、ウサギを使うことにした。感染《かんせん》させたウサギの脊髄《せきずい》を2週間自然乾燥《しぜんかんそう》させると、脊髄に含まれる病原体の毒性が低下することが分かった。これを犬に投与《とうよ》しても、発病しなかった。

しかし、この弱毒化した狂犬病ワクチンが動物に対して安全性を示したといっても、それを人間に対して投与《とうよ》するのには、すさまじい勇気が必要だった。人間に対してその有用性と安全性を示すことができなければ、ワクチンが完成したとは言えないのだ。

「はたして、このワクチンは人間にも効果があるのだろうか……」

助手たちには自信がなかった。

「病原体は同じものだから、効果はあるはずだ。狂犬病の犬にかまれると、人間の場合は通常、２、３週間、長くて１ヵ月してから発症する。この潜伏期間《せんぷくきかん》のうちに、この毒性を弱めたワクチンを接種する。そうすれば、体に抵抗力《ていこうりょく》がついて、ある程度発症を防《ふせ》ぐことができるはずだ」

パスツールは助手たちにそう説明した。

「しかし先生、人間でどうやって実験するんですか？」

「わかってる。それが最後の問題だよ」

すでに60代となり、晩年《ばんねん》にさしかかったパスツールに残された時間は少なかった。早くその結果を知りたかった。そして人々が病気から救われるところを見たかった。

「そうだ、私で試してみよう」

そう言ってみたが、当然ながら「だめです」と助手たちに止められた。ワクチン完成まであと一歩というところで、研究はストップしてしまうかに思われた。だがパスツールのもとに、１８８５年６月、見知らぬ親子があらわれた。

「お願いです！　子どもを助けてください！」

母親は、フランスの北部、アルザス地方のステージュ村からやってきたという。涙目《なみだめ》で、慌《あわ》てた様子だった。

「昨夜、9歳の息子が犬にかまれてしまって……。何度も何度も。おそらく狂犬病の犬です」

息子の足には包帯《ほうたい》が巻《ま》かれていた。疲《つか》れた表情だったが、母親よりもずっと落ち着いている。

「近所のお医者さんから、炭疽病《たんそびょう》の治療法を開発したパスツール先生なら、何とかしてくれるかもしれないと聞きまして……」

「よくここが分かりましたね」

「どうか、この子を助けてください！」

パスツールは、病気で失った愛娘《まなむすめ》たちを思い起こした。あの時、自分は何もしてやれなかった。悲痛な表情で息子を抱《だ》きしめる母親に、かつての自分が重なった。この少年を、何としても助けたい
――パスツールは決心した。

「キミの名前は？」

「ジョゼフ・マイスター」

「よし、ジョゼフ。僕が約束するよ。キミの命を必ず助けてあげる。安心しなさい」

少年はしっかりうなずいた。

「ありがとうございます」

母親はパスツールの両手を強く握《にぎ》った。

まず、友人である一人の医者に来てもらい、少年の傷の具合を診察《しんさつ》してもらった。二人の意見は、「傷は命にかかわるもので、すぐに新しい方法を試すしかない」というもので一致《いっち》した。

「よし！」

パスツールは、いまだ人に試したことのない狂犬病《きょうけんびょう》ワクチンを用意し、友人の医者に注射してもらった。それから10日にわたり、毒性の弱いものから強いものへと順番にワクチンを投与《とうよ》させた。ジョゼフには発病の様子はなかった。

そしてワクチン投与の最終日を迎《むか》えた。

「よくがんばったね。これで何もなければ、治療は成功だよ」

ジョゼフにワクチンを注射したが、体には何の変化も起きなかった。親子はそのままアルザスへ帰っていった。

狂犬病の症状《しょうじょう》が現れるかどうかは、1週間から1ヵ月はみなければいけない。その間、アルザスから何も知らせがなければ、治療が成功したことになる。

「大丈夫《だいじょうぶ》であってくれ……」

パスツールは、研究も手につかず、緊張《きんちょう》と不安の中にいた。

1ヵ月が経《た》ったころだった。1本の電報が届いた。

――ジョゼフに狂犬病の徴候《ちょうこう》はなし。彼の命はワクチンの効果により救われた。

パスツールは、何度もその文字を読み返した。

「よかった……」

それは、パスツールが初めて実感する喜びだった。彼は医者ではないが、生涯《しょうがい》をかけて追い求めた研究は、病気から人間の命を救うものだった。

「ジョゼフのおかげだ。彼がワクチンの効果を証明《しょうめい》してくれた。これから多くの人の命が救われるだろう」

パスツールは、科学アカデミーの席上で、この狂犬病に対する新しい予防法を発表した。すると、あらゆる国から、犬にかまれた患者が、救いを求めてパスツールのもとへやってきた。

1886年8月22日までに、1986人を治療して、亡くなったのはわずか21名だった（致死率《ちしりつ》およそ1%。以前の統計にあった16～40%よりもずっと低い数字となった）。

すべての患者を発症前に助けることはできなかったものの、それでもワクチンによってたくさんの命が救われた。

パスツールの研究室にはいつも行列ができたため、科学アカデミーは狂犬病のワクチンを接種するための専門の施設をつくった。それが、のちのパスツール研究所となる。

パスツールは、見えない病気の原因を明らかにし、その病気とたたかうためのワクチンの開発方法を確立した。彼が打ち立てた細菌学は多くの研究者に引《ひ》き継《つ》がれ、やがてコレラや結核《けっかく》、破傷風《はしょうふう》などの病原菌が明らかになり、ワクチンの開発につながっていくことになる。

科学の
先駆者たち

一人で細菌を発見した町医者

コッホ

「先生にお会いできるだけで、病気が治る気がするわ」

「そうですか。それはよかった」

ドイツ東部のウォルシュタイン（現在はポーランド領《りょう》）にひっそりとたたずむ住宅――。その2階には、ある若い町医者の診察室《しんさつしつ》があった。外の踊《おど》り場《ば》には、今日も患者《かんじゃ》が列をなしている。

「皆、先生を頼《たよ》りにしてますのよ。先生は特別なお医者様だって」

診察室に入った高齢《こうれい》の女性患者は、そう言って目を輝《かがや》かせた。

医者は小さな笑みを浮《う》かべてから、すぐに真剣《しんけん》な表情に戻《もど》り、手早く体温と脈をとり、聴診器《ちょうしんき》で肺《はい》と心臓《しんぞう》の音を聞いて、異常がないか調べた。

「熱は下がってますね。もう大丈夫《だいじょうぶ》ですよ」

「よかったわ。ありがとう」

医者の名は、ロベルト・コッホ。

1872年、29歳のコッホはこの小さな町に家族とともに移り住み、住宅の2階で患者を診《み》ていた。コッホは腕《うで》のよい町医者としてすぐに親しまれ、その評判《ひょうばん》を聞きつけて、遠路はるばるやってくる患者も少なくなかった。

コッホは、町医者としての顔以外に、もう一つ顔を持っていた。それが、研究者としての顔だ。

――町の人たちが頼《たよ》りにしてくれるのはありがたい。でも、僕はもっと大勢の人の命を救うための研究をしたい……。

頭の片隅《かたすみ》で、彼はいつもそう思っていた。

コッホは2階の小部屋を研究室にして、明るい窓際《まどぎわ》のテーブルの上に最新式の顕微鏡《けんびきょう》を置いた。この高価な顕微鏡を購入《こうにゅう》したせいで、田舎《いなか》の往診《おうしん》に必要な馬車の購入はあきらめるしかなかった。

はじめは、池や湿地に行って藻《も》やミジンコを集めては、それを観察していたが、それでは飽《あ》きたらず、当時の最新の医学研究分野ともいえる細菌学《さいきんがく》にのめりこんでいった。

それはちょうど、フランスのパスツールが細菌学を打ち立てようとしていたときだった。病気の原因は、目に見えない細菌が関係していることが分かりつつあった。

「顕微鏡で細菌を観察したら、何か分かるかもしれない」

コッホはそう考えた。

コッホが注目したのは炭疽病《たんそびょう》だった。当時、ヨーロッパの農場を炭疽病が襲《おそ》い、ウシやヒツジなどの家畜《かちく》が次々と死んでいた。それによって酪農家《らくのうか》たちには大きな損害《そんがい》が出ていた。

調べてみると、すでに1863年に、カジミール・ダヴェーヌという獣医《じゅうい》が、炭疽病にかかったヒツジの血液を顕微鏡で観察し、血液中に病気の原因となる細菌がいるということを発表していた。

「この炭疽病の原因となる細菌を特定できるかもしれない」

1874年4月12日、彼は炭疽病《たんそびょう》にかかった家畜《かちく》がいるという農場を訪れた。死んだウシやヒツジには、炭のように黒いかさぶたができていた。

「ひどい病気だな」

コッホは、健康な家畜と炭疽病にかかった家畜から、それぞれ血液のサンプルをとらせてもらい、自宅の研究室に持ち帰った。

早速、そのサンプルを顕微鏡《けんびきょう》で観察したコッホは、驚《おどろ》いて目を見開いた。

「ダヴェーヌの言ったとおりだ！　炭疽病にかかった家畜の血液には、健康な家畜の血液には見られない小さな生き物が動いている。これが細菌か……。ふくれあがり、輝き、細長く伸《の》びている」

この時からコッホは、細菌のことばかり考えるようになった。

翌年、炭疽病の細菌について、さらに詳《くわ》しく調べるチャンスが訪れた。

地区の保健医官を務めていたコッホは、炭疽病で死んだ家畜が集められた収容施設に呼《よ》び出しを受けた。

「ひどいだろ？　これ、みんな炭疽病でやられたんだ」

「ええ……」

「キミには、この病気で死んだ家畜のことを調べてほしいんだ。あまり気乗りしないだろうがね」

「いえ、そんなことはないですよ。ぜひやらせてください‼」

そう言ってコッホは、病死した家畜から手早く血液を取り出し、研究室に戻《もど》って顕微鏡で詳《くわ》しく調べた。

「やはりそうか……」

血液は細菌で充満《じゅうまん》していた。

「しかし、細菌を見つけただけではだめだ。この細菌が本当に病気の原因であることを確認しなければ。でも、どうやって？」

コッホは椅子《いす》に深く座《すわ》りこみ、腕《うで》を組んだ。

大学の研究室にいるわけではないコッホには、相談する相手もいなかった。ましてや細菌学の教科書があるわけでもない。たった一人で、頭の中で実験を組み立てるしかなかった。

１８７５年12月23日、コッホは実験を開始した。

まず、炭疽病にかかった動物の血液のほんの１滴《てき》をウサギに接種する。ウサギはすぐに発病し、接種から24時間で死亡した。

「やはり、病気の原因は細菌で間違いないようだな」

翌日のクリスマスイブ、死亡したウサギの皮膚《ひふ》を取り出し、顕微鏡で見てみると、かなりの数の細菌があった。

「うむ。これで間違いないな……。炭疽病は『炭疽菌』という細菌によって引き起こされるんだ」

この実験は、「ある病気はある特定の微生物によって引き起こされる」という事実を、初めて証明《しょうめい》したものとなった。

のちにコッホは、その細菌が病気の原因であることが、どうやって確かめられるのかという条件を定めている。それが「コッホの４原則」だ。

1. ある病気に一定の細菌が見出される。
2. その細菌を取り出すことができ、体の外で培養《ばいよう》できる。
3. 培養した混じりけのない細菌を別の動物に感染《かんせん》させると、同じ病気が起こる。
4. 感染した動物から同じ細菌を取り出すことができる。

炭疽病の研究は、これで終わりではなかった。

コッホは炭疽菌のみを取り出して増殖《ぞうしょく》させようと考えた。つまり、細菌の培養にチャレンジしたのである。

「この温度では細菌は死滅《しめつ》してしまう。もう少し下げてみよう」

試行錯誤のすえ、細菌を培養するには、30～35度の温度を保つことが大切なことや、細菌は酸素を必要とすることをつきとめた。

またコッホは、細菌は土の中でも生き続け、土から動物や人に感染することも明らかにした。

「そうか、細菌は厳しい環境におかれると休みをとり、条件がよくなると再び活動を再開するんだ！」

このようにしてコッホは、細菌がどのような環境で生きているのかを突きとめた。

「せっかくの発見だ。論文にして発表しないと。でも、本当に大丈夫だろうか？」

ウォルシュタインの片田舎《かたいなか》で、一人きりで研究していたコッホは、自分の研究方法に問題はないか、自信がもてなかった。何か大きなあやまちを犯《おか》しているのではないかと不安になったコッホは、細菌の研究者として知られるブレスラウ大学のフェルディナント・コーン教授に手紙を書き、論文を見てもらいたいと申し出た。

コーン教授は、この申し出を快く引き受けた。

すぐにブレスラウ大学のコーン教授の研究室を訪れたコッホは、おそるおそる教授に論文を差し出した。

「炭疽菌《たんそきん》？　これは何ですか？」

「炭疽病の病原菌です」

「病原菌を見つけたということですか？」

「はい」

それを聞いたコーン教授は、厳しい表情になったが、黙《だま》って論文を読み始めた。

しばらくして、すべてに目を通し終えた教授は、先ほどまでとはうって変わって、笑顔を見せて言った。

「着想がすばらしい。実験にも、あなたの観察にも、間違いは見られない。これはすごい成果だ。すぐに論文を発表するべきですよ」

「ほんとですか！」

「私の知りあいの雑誌に、掲載《けいさい》してもらえるよう頼んでみましょう」

「ありがとうございます！」

こうして、１８７６年、コッホの炭疽菌《たんそきん》に関する論文は、「植物生物学雑誌」に掲載された。コッホが32歳の時だった。

コッホは、「炭疽菌は炭疽病を引き起こす」ということを、正確な実験によって明らかにした。すなわち、「特定の細菌は特定の病気を引き起こす」ということを証明したのである。

この大発見に、医学界は大きな衝撃《しょうげき》を受けた。科学界からまったく孤立《こりつ》していた田舎町《いなかまち》の青年が、たった一人でこの偉大《いだい》な発見を成《な》し遂《と》げたのだ。

「いったい誰だ？　このドイツ人は」

当時すでに細菌学の分野で中心的存在となっていたフランスのパスツールも、この大発見には驚《おどろ》きを隠《かく》せなかった。

この時から、コッホとパスツールはよきライバルとして、お互《たが》いに刺激《しげき》しあいながら、細菌学を発展させていくことになる。

コッホは１８４３年、ドイツ北部の小さな炭鉱町《たんこうまち》クラウスタールに生まれた。13人兄弟の３番目の子だった。父ヘルマンは炭鉱主として成功した人物で、やがて一家は町の中心街にある大きな邸宅《ていたく》に移り住んだ。

「ロベルト、山に遊びに行くぞ！」

コッホの遊び相手は、叔父《おじ》のエドアルト・ビーヴェントだった。エドアルトとともに田舎《いなか》を旅しては、カブトムシや蝶《ちょう》、イモムシ、植物、岩石などを集めて楽しんだ。

「ねぇ、それ何?」

「これは写真というんだよ。やってみるか?」

「うん!」

エドアルトは写真術に親しんでいて、その影響《えいきょう》から、コッホも早くから写真を撮《と》るようになった。当時はまだ人々にとって写真は日常的なものではなく、自分で写真が撮れる人は珍《めずら》しい時代だった。こうして写真術に親しんだことがきっかけの一つとなって、のちにコッホは世界初となる細菌の顕微《けんび》鏡写真《きょうしゃしん》を撮ることになる。

学校でのコッホは、好きな数学や理科を除けばごく平凡《へいぼん》な成績だったが、とても真面目に勉強する生徒だった。

二人の兄はアメリカにわたってビジネスマンとなったが、コッホは大学に入って勉強したいと考えていた。

「学校の先生になろう……」

そう思って、ドイツの名門ゲッチンゲン大学に入学したが、数学や物理、植物学などさまざまな講《こう》義《ぎ》を受けているうちに、医学に興味をもちはじめた。

医学の道へ進んだコッホは、自分の研究をしながら、病院で臨床医《りんしょうい》として働き、外科、産科、精神科などで十分な経験を積んだ。

大学の課程《かてい》を終えようという時、コッホは悩《なや》んだ。

「医者として働くよりも、大学に残って研究をしていたほうが楽しいだろうな……。でも、研究で成功できるだろうか」

研究の道が長く険《けわ》しいものであることが、コッホにはよく分かっていた。そのうえ、生来《せいらい》の慎重《しんちょう》な性格も手伝って、「ッホは研究の道への一歩を踏《ふ》み出《だ》せずにいた。

しかも、ちょうどその頃、コッホは幼なじみのエミー・フラーツと婚約《こんやく》した。

「自分の家庭をもつのだから、もはや父親の支援《しえん》に頼ることはできない。自ら収入を得なければいけない」

そう考えたコッホは、研究者になることをあきらめ、医師免許を取得して、ハンブルク総合病院の助手として働き始めた。その後、ハノーバーの近くのランゲンハーゲンという小さな村の養護施設《ようごしせつ》を経て、ウォルシュタインに医者として腰《こし》をすえることになる。

しかし、「研究をしたい」という気持ちは捨てきれなかった。それが、たった一人で炭疽菌《たんそきん》を発見するという偉業《いぎょう》につながったのである。

炭疽菌の発見をきっかけに、ますます研究に没頭《ぼっとう》したコッホだったが、情報の少ない小さな田舎町《いなかまち》で研究を続けることに限界を感じるようになった。

しかも、コッホには、診療所《しんりょうじょ》の仕事もあった。診察《しんさつ》で体力を消耗《しょうもう》してしまい、研究は思うように進まなかった。

コッホが、ベルリン市の衛生局《えいせいきょく》の研究員に指名されたのは、そんな時だった。

「ありがたい話だ！　これで研究に専念《せんねん》できる！」

1880年、コッホは家族とともに新天地のベルリンへと旅立った。

「コッホ先生、これからよろしくお願いします」

案内された研究室に行ってみると、二人の助手が待っていた。ゲオルク・ガフキーとフリードリッヒ・レフラーである。

研究室は雑然《ざつぜん》とした大部屋で、3つの窓《まど》の下にそれぞれ机《つくえ》がある。自然と真ん中にコッホが座《すわ》り、その両隣《りょうどなり》にガフキーとレフラーが座った。

「この大きな部屋に、3人は少しさみしいね……」

コッホはそう言ったが、その心配は杞憂《きゆう》に終わった。

「ここで働かせてください！」

コッホの評判《ひょうばん》を聞きつけた研究者や学生が、ぽつりぽつりとやってきて、気がつくと、大きな研究チームが作られていたのである。

それまでたった一人で研究をしていたコッホは、このような大きなチームを率《ひき》いることには慣れていなかった。リーダーとしてのコッホは、ただ指示を出して助手にやらせるというよりは、自ら真剣《しんけん》に研究に取り組む姿勢《しせい》を見せることによって、みんなを引っ張っていった。

「誰よりも一生懸命働いているのは、コッホ先生だ。僕たちも見習わないと」

「あんな革新的《かくしんてき》な実験手法、どうやって考えたんだろう」

助手たちはコッホにならって熱心に研究し、失敗を恐《おそ》れず、新しいことにチャレンジした。

こうした雰囲気《ふんいき》の研究室からは、毎日のように新しい発見が生まれた。

その一つが、細菌の顕微鏡《けんびきょう》写真だ。

「顕微鏡をのぞきながら細菌のスケッチをするのは大変だ。写真におさめられればいいのだが……」

コッホはずっとそう考えていた。

そこで、乾燥《かんそう》させた細菌の標本に染色《せんしょく》するという方法で、世界で初めて顕微鏡写真の撮影《さつえい》に成功したのである。

「写真なら、配列や大きさの比較《ひかく》もできる！」

顕微鏡写真の登場は、細菌学の研究をぐっと前進させることになった。

もう一つは、まったく新しい細菌の培養法《ばいようほう》だった。これは「コッホの平板法」と呼《よ》ばれる。

それまで微生物《びせいぶつ》を増殖させる培養は、肉汁のような栄養分を含《ふく》む液体（培地）の中で行うのが普通だった。しかし、こうした培地から、純粋《じゅんすい》な細菌だけを取り出すことは難しく、もっとシンプルで簡単な方法が求められていた。

「培養の作業がもっと簡単にできるようになれば、実験がはかどるのに……」

そう考えていたコッホは、ある日、食べかけのジャガイモの切り口にいろいろなカビが生えているのを見て思いついた。

「そうだ、ジャガイモのような固形物を培地にすればいいんだ！」

コッホは実験を繰《く》り返《かえ》し、培養液にゼラチンを加えて固めた固形の培地を発明した。

このシンプルな平板法の発明により、微生物の培養がはるかに簡単になり、のちに多くの病原菌が発見されることになるのである。


ベルリンにやってきて1年ほどたった頃、コッホは新たな研究テーマをかかげた。

「結核菌《けっかくきん》を発見しよう」

それは、まだ誰も成功していない難しい研究だった。

結核は、古くから人類を苦しめてきた病気で、エジプトのミイラの骨にも結核にかかったあとが見つかっている。当時のヨーロッパでは「死病」と呼《よ》ばれ、もっとも恐《おそ》れられた不治の病だった。

「結核が細菌を原因とする伝染病《でんせんびょう》であることは間違いない。でも、その細菌はとても小さくて見つけにくい」

「あまりに小さいと、染色《せんしょく》が難しいですね。染色できないと、顕微鏡《けんびきょう》でも観察できません」

助手たちはコッホを囲《かこ》み、一様に腕《うで》を組んだ。

「まずは、その問題を解決する必要があるな。ごく小さな細菌でも染色できる方法を探してみよう」

「はい」

コッホたちは、小さな細菌を染色するための方法を探った。そして、試行錯誤《しこうさくご》を繰《く》り返《かえ》すうち、ある一つの方法が見えてきた。

「先生！　いつもの染色液にアルカリ性の物質を加えると、染色しやすくなります」

「そうか！　よくやったぞ！」

この新しく開発した染色法によって、顕微鏡で小さな細菌を観察することができるようになった。

そして、コッホたちはついに歴史的瞬間《しゅんかん》を迎《むか》える。

「結核菌を見つけたぞ！」

その声に、研究室全体が歓喜《かんき》に包《つつ》まれた。

ところが、コッホは顕微鏡をのぞいたままで、少しも喜ぶ様子を見せない。

それに気づいた助手の一人が、ぽつりと言った。

「そうか、まだ、この結核菌と名づけたものが結核を引き起こすと、証明できたわけじゃない……」

「そうだった。結核菌を培養し、それを別の動物に感染させ、結核になることが確認されなければ、結核菌が病気の原因とは言えない」

研究室は静まりかえり、助手たちはそれぞれの持ち場に戻っていった。

結核菌の培養が始まった。ところが、ここでもまた壁にぶつかった。コッホが開発した平板法で結核菌の培養を試みたが、うまくいかないのだ。

「室温ではまるきり細菌が増殖しない。かといって、体温に近くなるまで温度を上げると、培地のゼラチンが液状《えきじょう》になってしまう」

「細菌の増殖スピードが遅《おそ》すぎるんだな」

研究室は重い空気に包まれた。

「この研究もここまでか……」

内心、助手たちはそう思い始めていた。ところが、コッホのほうを見ると、彼はいつもと変わらぬ様子でたんたんと研究を続けている。

「気難しい微生物だね」

彼は、この困難《こんなん》な状況を楽しんでさえいるようだった。

「これだけやっても増殖しないとは……。まさか、結核菌は生物の体の中、あるいは人の体の中でしか増殖できないのか……？　ならば……そうだ、血清《けっせい》で試してみたらどうだね？」

コッホはすかさず言った。

「血清で!?」

「そう。血清を固めて培地にするんだ」

血清とは、血液が固まったときに上澄《うわず》みにできる淡黄色《たんこうしょく》の液体だ。この血清を固め、その表面で結核菌を増やそうというのだ。

「つまり……血清に含《ふく》まれる栄養がなければ、結核菌は増えない可能性があるということですか！」

助手たちはコッホの発想の柔軟《じゅうなん》さに驚《おどろ》きながら、早速《さっそく》それを試すことにした。

１週間後――。

一見すると、結核菌《けっかくきん》は増殖《ぞうしょく》しているようには見えなかった。しかし、コッホは助手たちにこのような指示を出した。

「何が起こるかわからない。注意深く、くまなく観察しなさい」

助手たちは、コッホの指示を信じて、些細《ささい》な変化も逃《のが》すまいと、固めた血清《けっせい》の表面をあちこち観察した。

「あっ!? 細菌がわずかに増えてる……先生、成功です！」

コッホは助手の肩《かた》をぽんっと叩《たた》き、にこりと笑った。

これで準備は整った。

いよいよ、培養した結核菌を、別の動物に接種するという、もっとも重要な段階に入る。

数匹のモルモットに結核菌を接種したところ、モルモットは徐々に衰弱《すいじゃく》していき、４～６週間後にすべて死んだ。そして、死んだモルモットの臓器《ぞうき》からは結核菌が確認できた。

モルモットだけではなく、ほかの数種類の動物でも試したが、結果はすべて同じだった。

「もう間違いないでしょう」

コッホのその言葉をもって、結核菌の研究は成功に終わった。研究室のメンバー全員が互《たが》いに握手《あくしゅ》をし、健闘《けんとう》を称《たた》えあった。

１８８２年３月、コッホはベルリンで開かれた生理学会の壇上《だんじょう》に立った。演説のタイトルは「結核について」。

彼の前には、培養に成功した結核菌が並べられていた。

「これが人類を苦しめてきた結核菌です……」

コッホは落ち着いた様子で、ゆっくりと講演を始めた。

会場に詰《つ》めかけた人たちは、その一言一言を聞《き》き逃《のが》すまいと耳をすましていた。コッホの言葉だけが場内に響《ひび》いた。それが歴史的な発表になることは、誰もがよく理解していた。

「……したがって、結核の原因は、この細菌――結核菌であることが証明《しょうめい》されたわけです」

コッホがそう言って講演を終えると、会場は大きな拍手《はくしゅ》に包《つつ》まれた。

――ドクター・コッホが結核菌を発見！

そのニュースは、瞬《また》く間《ま》に世界中をかけめぐった。それまで不治の病であった結核の原因が解明されたことで、人々の間に、近い将来、結核が「治る病気」になるだろうという期待感が高まった。

結核菌の発見により、コッホの名は科学界のみならず、一般《いっぱん》の人々にも知れわたるようになった。のちに、１９０５年、コッホはこの結核に関する研究により、ノーベル生理学・医学賞を受賞することになる。

１８８３年、コッホはエジプトの港湾都市《こうわんとし》アレクサンドリアにいた。エジプトで発生したコレラの調査のため、ドイツ調査団を率《ひき》いてやってきたのだ。

一方、フランスは、パスツールによる調査団をすでに送り込んでいた。

「絶対に、フランスに先を越《こ》されてはならない！」

ドイツとフランスは１８７０年の普仏戦争で戦ったばかりで、科学の分野でも競《きそ》いあっていた。その代表が細菌学であり、ドイツのコッホとフランスのパスツールは、ライバルとして激しい論争を繰《く》り広《ひろ》げていた。

「コレラは伝染病であり、その病原菌があるはずだ」

コッホはそう考えていた。

グリーク病院に研究室を構《かま》えたコッホたちは、その仮説にもとづき、コレラ患者《かんじゃ》から血液や細胞《さいぼう》組《そ》織《しき》などを集めて、病原菌を探した。

その結果、コレラ患者12人とコレラで亡《な》くなった10人の死体の腸《ちょう》の中から、共通する特徴をもつ細菌が見つかった。

「よし。この細菌を培養《ばいよう》し、ベルリンからもってきたマウスに接種してみよう」

ところが、細菌を接種しても、50匹のマウスに感染《かんせん》は起きなかった。

「どういうことでしょう？」

助手たちの顔には、疲労《ひろう》と焦《あせ》りの色が強まっていた。現代では明らかにされているが、実はコレラ菌はヒト以外の動物ではほとんど発症《はっしょう》しないのである。

「腸のなかの細菌がコレラの病原菌のはずだが、まだ断定できないな」

この状況でも、コッホはいつものように慎重《しんちょう》だった。フランスと競《きそ》っているとはいえ、結論を急いではならない。

一方その頃、フランス調査団も苦戦していた。そのうえ、パスツールがもっとも信頼《しんらい》をおいていた助手のチュイリエールがコレラにかかってしまい、その日のうちに亡《な》くなるという不幸が襲った。

「なんだって!? 死んだのか?」

その知らせはドイツ調査団にも伝わった。コッホと助手たちは、ただちにチュイリエールの葬儀《そうぎ》に駆《か》けつけた。

コッホは2つの花輪を棺《ひつぎ》に供《そな》えて言った。

「ささやかではありますが、彼の栄光にふさわしい月桂冠《げっけいかん》です」

コッホは、棺を運ぶのも手伝い、チュイリエールに最大限の敬意をささげた。

エジプトにわたったフランスとドイツの調査団のメンバーは、国は違えども同志だった。つねに死と隣《とな》り合《あ》わせの中、病気とたたかっていたのである。そこに競争などなく、彼らは同じ目標に向かう仲間だった。一人の若者の死は、コッホたちにそのことを思い知らせた。

フランス調査団は調査を打ち切り、失意のうちに帰国した。

コレラの恐《おそ》ろしさを目の当たりにし、コッホたちドイツ調査団も同じように帰国してもおかしくはなかった。しかし、調査は続けられた。

「ここで放棄《ほうき》するわけにはいかない。我々《われわれ》はフランスの分まで調査を続けよう。そして、よい報告をドイツに、いやヨーロッパにもたらそう！」

コッホは、自らを奮《ふる》い立《た》たせるように言った。

「これからインドへ向かう！」

「えっ!?　インドですか？」

コレラは、もともとインドから発生したといわれていた。コッホは、インドに行けば、何かヒントが見つかるのではないかと考えたのだ。

ドイツ調査団は、エジプトから4週間かけて移動し、インドのカルカッタに到着《とうちゃく》した。彼らは現地の医科大学院に研究室を構《かま》え、すぐに調査を始めた。

すると、インド到着から数日後、早くも成果があった。

「インドのコレラ患者《かんじゃ》からとった細菌は、エジプトの患者の腸《ちょう》からとった細菌と同じ特徴をもっています」

助手の報告を聞いて、コッホは手応《てごた》えを感じた。

「遠く離れた地で、同じ菌を持った人間が、同じコレラの症状を示している。やはり、あの細菌がコレラの病原菌である可能性が高い。よし、その病原菌を培養《ばいよう》してみよう」

「はい」

2ヵ月後、コッホたちは病原菌の培養に成功した。これを動物に接種してみると、エジプトの時と同じく、やはり発症しなかった。しかし、複数のコレラ患者から共通性の高い病原体が見つかったことから、コッホは確信していた。

「我々はコレラの病原菌を特定した。これを『コレラ菌』と考える」

コッホのこの発表は、すぐに世界に発信された。

その後も、コッホは調査を続《つづ》けた。

「コレラ菌はどこからくるんだ？　人々はどこでコレラ菌に感染《かんせん》するんだ？」

インドに来てから抱《いだ》き続けていた疑問が、まだ解決していなかったからだ。

コッホはカルカッタの町を歩いてまわり、人々の生活の様子を観察した。町の中には、水をためたタンクがあった。コンクリートで覆《おお》われた、四角い水がめのようなタンクだ。この水は、人々の飲料水として、また水浴《すいよく》や洗濯《せんたく》にも使われていた。

「タンクで衣類を洗ってる……。あの水を飲んでも大丈夫《だいじょうぶ》なのかなぁ」

助手がつぶやいた。

「感染源《かんせんげん》はここかもしれないね」

コッホは言った。

「つまり、コレラ患者の衣類にはコレラ菌が付着している。一人のコレラ患者の衣類をタンクで洗ったら、この水を飲んだ人が感染する」

この気づきをもとに、コッホは、感染症が水を通して広がることを明らかにした。そして、「飲用水をきれいにすれば、この伝染病を封《ふう》じ込《こ》めることができる」と、伝染病の予防とコントロール法についても提案《ていあん》したのである。

1884年5月、8ヵ月あまりの長旅を終えた調査団一行は、ベルリンへと凱旋《がいせん》した。ドイツ国民は熱狂的《ねっきょうてき》にこれを出迎《でむか》えた。

コッホはドイツ皇帝《こうてい》ウィルヘルム1世との接見を許《ゆる》され、宰相《さいしょう》ビスマルクから勲章《くんしょう》を授けられた。

それと同時に、コッホはベルリン大学の衛生学《えいせいがく》教授に任命され、学内に新しく衛生研究所が設けられた。いまやコッホの名声は世界中にとどろき、最先端《さいせんたん》の細菌学を率《ひき》いるリーダーとして、その地位は揺《ゆ》るぎないものとなった。

ところが、そんな彼も、たった一つの研究の失敗で、その栄光の座を追われてしまうのである。

「病原菌をいくら発見しても、その治療法《ちりょうほう》を見つけなければ意味がない」

コッホのそんな思いは、日に日に強くなっていた。

「結核の治療法を開発しよう」

それは、彼が以前からあたためていた研究だった。コレラの調査などで中断を余儀なくされていたが、今、ようやく落ち着いて取り組める時が来たのだ。

1889年のある日、コッホは突然《とつぜん》一人で研究室に入り、こもりきりになった。ドアは閉められ、中の様子は分からない。数日間、誰とも話さないこともあった。

「何か、とても大切な研究をしているに違いない」

助手たちは、実験で使われたと思われる多数の死んだモルモットが外に運び出されるのを見ながら噂《うわさ》した。

「いったい、何の研究だろう……」

1890年8月、ベルリンの国際医学会――。

コッホが重大な発表を行うという噂が広まり、会場は熱気に包《つつ》まれていた。その内容は、誰にも知らされていなかった。

コッホが壇上《だんじょう》に現れると、会場は静まりかえった。

彼はこう言った。

「私は結核の治療薬の開発に成功しました。その薬の名は『ツベルクリン』です」

会場は一斉《いっせい》にどよめいた。

――不治の病とされる結核の治療薬がついにできた！　しかも、あの有名なコッホ博士が開発したものだ！

このニュースは、瞬《また》く間《ま》に世界中をかけめぐった。

奇跡《きせき》の治療薬を求めて、世界中からベルリンに患者が殺到《さっとう》した。ベルリンの路上は治療薬を求める人であふれかえった。

ところがまもなく、ツベルクリンの注射を受けた患者の中から死者が出始めた。

医学界からは、こんな声があがった。

「結核菌をもった人にツベルクリンを注射すると、その部分は強い反応を示して赤く腫《は》れあがる。ツベルクリンは結核の診断《しんだん》には役立つだろう。だが、治療薬ではない」

ツベルクリンとは何なのか？　夢の治療薬か、それともただの診断薬か？

現在では、ツベルクリンに治療効果がないことがわかり、結核の治療ではなく、診断のために用いられている。

ツベルクリンに治療の効果がないことが明らかになるにつれ、人々の期待は大きな失望へと変わっていった。

「ツベルクリンは失敗だった……」

論争の渦中《かちゅう》にあったコッホは、衛生研究所の職をきっぱりと辞めた。ただしそれは、日に日に強まる批判《ひはん》の嵐《あらし》から逃《のが》れるためではなかった。

「私は、結核やそのほかの伝染病の治療のための研究に全力をそそぎたい。だから、大学の教授職からは離れたほうがいい」

コッホはそう考えたのである。

こうして、コッホのための新しい研究所「伝染病研究所」ができた。

コッホはここを拠点《きょてん》に、新たな伝染病の研究をするため、世界中をかけめぐった。家畜の病気の研究のために度々アフリカを訪れたほか、ペスト研究のためにインドへ、またマラリア研究のためイタリアへおもむくなど、精力的《せいりょくてき》に仕事を行った。

また、自らの研究をするだけではなく、伝染病研究所では熱心な教育者として、たくさんの若手研究者を指導《しどう》し、大きな成果をもたらした。

最初に助手となったゲオルク・ガフキーは「腸《ちょう》チフス菌」を発見した。同じくフリードリッヒ・レフラーは「ジフテリア菌」の純粋培養《じゅんすいばいよう》に成功し、「口蹄疫《こうていえき》」のウイルスを発見した。かつて衛生局の大部屋で机《つくえ》を並べていた二人は、最後までコッホのもとで働き、のちにロベルト・コッホ研究所の所長を務めた。

そしてある日、この研究所に、日本からメガネをかけた真面目《まじめ》そうな留学生がやってきた。

「はじめまして。私は、日本からまいりました、留学生の北里《きたさと》です」

この留学生が、コッホをも驚《おどろ》かす、世界的な大発見をやってのけることになる。

科学の先駆者たち

すべては、日本の医学のために

北里柴三郎《きたさとしばさぶろう》

「キミは医者になるつもりはないのか？」

講義《こうぎ》を終えたマンスフェルトは、教室を出ようとしていた北里柴三郎《きたさとしばさぶろう》をつかまえて聞いた。

「マンスフェルト先生……。それはどういう意味ですか？」

「いや、キミが熱心に勉強しているのは分かるんだが、医者になるつもりがないという話を聞いたものでね」

「ええ、私は医者になるつもりはありません」

北里がそうはっきりと言いきったので、マンスフェルトは少し驚《おどろ》いたが、気をとり直して尋《たず》ねた。

「それなら、なぜこの医学校に入ったのかね？」

「両親が私を医者にしたいと望んだからです。私は将来、世の中の役に立つ軍人か政治家になるつもりです。ここでは、そのために必要なオランダ語を学んでいます。西洋の文化は、ほとんどオランダからもたらされていますから。この先、きっとオランダ語は必要になります」

この熊本医学校では、オランダの海軍から派遣《はけん》された、マンスフェルトという軍医が学生たちを教えていた。彼は日本語が話せなかったので、授業は通訳を介《かい》して行われていた。

北里は時習館《じしゅうかん》という熊本藩《くまもとはん》（現在の熊本市）の藩校でオランダ語を学んでいたので、少しはマンスフェルトと直接話すことができたのだ。

「キミの考えは分かった。もちろん、軍人や政治家になって国を守ることも大切だが、人の命を守ることも、それと同じくらい大切なことだよ……」

マンスフェルトは、ゆっくりと言葉を選ぶように続けた。

「医学は崇高《すうこう》で奥《おく》が深く、簡単に究《きわ》めることのできない学問だ。世界には、いまだ克服《こくふく》できない病気も多い。世の中の役に立とうというのなら、医学にできることもたくさんある。医学は学ぶ価値のある学問だよ」

マンスフェルトは、医者という職業に対する大きな誇《ほこ》りをもっていた。

「……よく分かりました。考えてみます」

北里はそれまで、医者という仕事に対してきちんと向き合ったことがなく、まして医者になろうなどとは考えたこともなかった。

しかし、こうして医学校で学ぶからには、中途半端《ちゅうとはんぱ》な気持ちではいけないと思った。熊本医学校に入りながら、医学の勉強をおざなりにしていた北里は、この時から医学と真剣《しんけん》に向き合うようになった。

「医学も無駄《むだ》にはなるまい。しっかり勉強しておこう……」

江戸時代末期の1852年、北里柴三郎は、肥後国《ひごのくに》北里村（現在の熊本県阿蘇郡小国町《あそぐんおぐにまち》）の庄屋《しょうや》の家に生まれた。源氏《げんじ》の流れをくむ名門武士の家系だった。

彼は9人兄弟の長男で、やさしく正義感《せいぎかん》にあふれ、頼りになる兄だった。友だちにも慕《した》われ、仲間のことはけんかをしてでも守った。自然と彼の周りには仲間が集《つど》うようになった。

そんな息子《むすこ》を、母親の貞《てい》はきびしく育てた。

「あなたは、孤独《こどく》にも打ち勝てる、自立した強い心をもった人間になりなさい」

「はい、母上」

この教育方針によって、彼は少年時代に親元を離れ、伯母《おば》の家や母の実家に預《あず》けられた。それから実家に戻《もど》るまでの6年間、一度も帰郷《ききょう》することはなかった。

その後、立派な武士になることをめざして時習館で学んだが、世の中は大きく転換《てんかん》しようとしていた。北里の人生も時代の波に翻弄《ほんろう》されていく。

1868年、明治新政府が樹立《じゅりつ》され、長かった武士の時代が終わりを告げた。

――もう、武士という仕事はなくなってしまった。武士になれないのなら、軍人か、政治家になるか……。

そう考えていたが、父は言った。

「おまえは将来、立派な医師になって、世の中に尽くしなさい」

この時代、父の言葉は絶対だった。北里は、自分の思いをいったん封印《ふういん》し、父のすすめに従い、熊本医学校の門をくぐることにしたのである。

しかし、本当に医者になるつもりなど、これっぽっちもなかった。

マンスフェルトの話を聞いてから1ヵ月ほどが経った頃だった。

「なんてきれいなんだろう……」

顕微鏡《けんびきょう》をのぞいた瞬間《しゅんかん》、北里の目にあやしく幻想的《げんそうてき》な模様《もよう》が飛び込んできた。北里は、それまで味わったことのない感動に襲《おそ》われた。

「これが、動物の命をつくっている細胞《さいぼう》の組織だよ」

マンスフェルトが、そばにやってきた。

「人間の細胞も、こんなに美しいのでしょうか?」

「そうさ。細胞は目には見えないが、とても美しく、様々なはたらきをしている。この細胞の謎《なぞ》を解き明かしていけば、病気の原因が分かるかもしれないね」

北里は小さくうなずいて、もう一度顕微鏡をのぞいた。

「病気の謎が、この小さな細胞の中に隠《かく》されているのか……」

北里の心は、もはや医学から離《はな》れられなくなっていた。

「医学を勉強しよう!」

熊本医学校を卒業する頃になって、北里は本気でそう思った。そして、マンスフェルトに進路について相談すると、「本気で医学を学ぶなら、東京の学校へ行きなさい。それからヨーロッパへ留学しなさい」とアドバイスされた。

「ヨーロッパですか!?」

「医学の本場はヨーロッパだからね」

北里は、この時初めて海外留学を意識した。当時の日本人にとってヨーロッパははるか遠く、想像も及《およ》ばない世界だった。

そして、マンスフェルトのアドバイスに従い、１８７５年、北里は東京医学校（現在の東京大学医学部）へ進学した。

北里は、武士への未練《みれん》をきっぱり捨て、医学という新しい目標をめざし始めた。しかし、武士の中には、急激な社会の変化に対応できない者もいた。幕府《ばくふ》が倒《たお》れてからというもの、そうした旧士族《きゅうしぞく》による反乱が各地で続発していた。その最後の大反乱となったのが、１８７７年の西南戦争《せいなんせんそう》である。

この西南戦争では、伝染病《でんせんびょう》のコレラが発生した。

コレラは日本でたびたび流行していて、江戸時代には「コレラ、ころり」と恐《おそ》れられ、明治に入っても市民の生活をおびやかしていた。

西南戦争でのコレラの致死率《ちしりつ》は６割を超《こ》えた。戦場でコレラにかかった兵士が故郷《こきょう》に帰ると、その地域でも感染が広がり、コレラはたちまち全国的な流行となった。

「コレラや赤痢《せきり》、腸《ちょう》チフスなどの病気は、あっという間に何千、何万という人々の命を奪《うば》っていく。こうした感染症に治療法《ちりょうほう》はないのだろうか？」

西洋の医学をもってしても、感染症の前には無力だった。北里は、そのことを知って少なからずショックを受けた。コレフの原因は、日本はもちろん、世界でもまだ分かっていなかったのだ。

「マンスフェルト先生は、医学で人の命を救えると言った。病気の原因を突き止めて、コレラから人々を救わなければ……」

北里は、そう心に誓《ちか》った。

1883年、東京医学校を26人中8番という成績で卒業した北里は、内務省の衛生局《えいせいきょく》で働くことになった。

「なぜ君はこんなところへ来たのかね？　君のような優秀な人には、もったいないと思うがね」

衛生局長の長与専斎《ながよせんさい》が言った。長与もマンスフェルトに学んだことがあり、北里とは気が合った。

「どういうことですか？」

「つまり、なぜ医者にならなかったのか、ということだ。地方の病院長にでもなれば、ここの衛生局員の3倍は給与《きゅうよ》がもらえるぞ」

「私はよい給与のために医学を学んだのではありません。人々の命を救うためです。そのために、ヨーロッパへ留学して最新の医学を学びたいのです」

「留学するために、ここへ来たというのかね？」

「はい。お金があれば私費で留学できますが、私にはそんなお金はありません。国から推薦《すいせん》をいただいて、国費で行く以外の道はないのです」

「そうか。そういうことなら、応援《おうえん》するよ」

当時、ヨーロッパ留学は、日本人にとって限りなく狭《せま》き門《もん》であった。しかし北里は本気でその道をめざしていた。

北里は、衛生局でめきめきと頭角をあらわし始めた。原因不明であった「肝《かん》ジストマ」という病気の発生原因を探りあてたり、妊娠《にんしん》初期に妊娠しているかどうかを見分ける方法を確立したりした。

1885年2月、北里は衛生試験所で緒方正規《おがたまさのり》の助手となった。

「北里くん、久しぶりじゃないか」

「緒方さん！」

緒方は熊本医学校時代の仲間だった。北里よりも早く上京し、東京大学医学部をへて、内務省の職員となり、ドイツ留学を果たしていた。ドイツで細菌学を学んできた緒方は、日本でも研究に取り組もうとしていた。

「ここに細菌室を創設《そうせつ》したんだ。一緒に研究しよう」

「はい」

北里は緒方の指導《しどう》のもと、細菌学の研究にとりかかった。ちょうどその頃、長崎《ながさき》でまたもやコレラが発生し、全国に広がる勢いをみせていた。

緒方は言った。

「コッホ博士の論文は読んだかね？」

「ええ、コレラ菌の論文ですね」

ドイツの細菌学者ロベルト・コッホは、コレラの病原体である「コレラ菌」を発見し、前年の18

84年に論文を発表したばかりだった。もちろん、緒方も北里も、その論文を読んでいた。

「コッホ博士の実験方法をそのまま真似《まね》すれば、コレラ菌を検出《けんしゅつ》できるんじゃないか?」

「私が長崎で調査してみます」

北里は早速《さっそく》、現地におもむいた。

コッホの実験方法を真似しながら、まずコレラ患者の排泄物《はいせつぶつ》を集め、その中にある細菌を顕微鏡《けんびきょう》で丁寧《ていねい》に見ていった。

「これだ! コッホ博士が発見したコレラ菌と同じだ」

北里が顕微鏡の中に発見したのは、コッホの論文に載《の》っていた画像と同じ細菌だった。北里は、西洋の医学研究の最前線にふれた、確かな感触《かんしょく》にひたった。

こうして北里は、日本人として初めてコレラ菌を見分けた研究者となった。

さらに北里は、コッホの論文からその手法を独学で学び、コレラ菌を人工的に増殖《ぞうしょく》させる純粋培養《じゅんすいばいよう》(目的の病原菌だけを取り出し、人工的に増殖させること)にも成功した。

「北里くん、よくやったね! 君なら今すぐヨーロッパに留学しても、すばらしい成果をあげることができるはずだ」

局長の長与は、そう言って北里をねぎらった。

その年の11月、その長与が、北里にうれしい知らせを届《とど》けた。

「内務省から君に、ドイツへの3年間の留学が命じられたよ」

「ほんとですか!?　信じられない……」

北里は、丸ぶちメガネをはずして涙《なみだ》をぬぐった。

「泣いている暇《ひま》などないぞ。10日後には出発だ」

「……はい。いつでも行ける準備はできています」

この北里のドイツ留学を後押ししたのは、実は長与だった。

長与は、内務大臣の山縣有朋《やまがたありとも》に、「今、北里をドイツへ送ることをためらえば、わが国にとって大きな損失《そんしつ》になるでしょう。あの男を留学させてやってください」と進言していたのである。

「なぜ、あの男なのかね?」

山縣はじろっと険《けわ》しい目で見たが、長与はたじろぐことなくこう言った。

「我々《われわれ》はヨーロッパの国々やアメリカと肩《かた》を並べる近代国家をめざしておりますが、そのうえで欠かせないのが、衛生《えいせい》についての新しい考え方の導入《どうにゅう》と、伝染病《でんせんびょう》の撲滅《ぼくめつ》だと考えます。そのため、医療《いりょう》先進国であるドイツに内務省の技術者を派遣《はけん》し、伝染病の知識を学び、また上下水道などの衛生施設を調査させる必要があります。この役に適任《てきにん》なのが、北里です。彼はコッホ博士が発見したコレラ菌を見つけることに成功しました。彼をドイツに送り込むべきです。本人もそれを望んでいます」

「……うむ。君がそこまで言うのなら、よかろう。北里という男にかけてみよう」

この時のドイツ留学生には、二人が選ばれた。

北里と、もう一人は、石川県金沢の医学校の校長で病院長を務めていた中浜東一郎《なかはまとういちろう》である。中浜は、江戸後期に救助された船でアメリカへわたったジョン万次郎の息子で、衛生学研究のため派遣されたのだった。

横浜港からフランス客船に乗った北里と中浜は、40日間の船旅をへて、フランスの港町マルセイユに上陸した。そこから鉄道を乗《の》り継《つ》いでドイツの地に降《お》り立《た》った。

ここで二人は別れ、それぞれの目的地へと向かった。

「僕は、衛生学の権威《けんい》であるミュンヘン大学のペッテンコーフェル教授のもとへ行く。キミは、コッホ博士のところだったね？」

「はい」

北里は、あこがれのロベルト・コッホ博士のもとで学ぶことになっていたのだ。

「それは楽しみだ。お互《たが》いがんばろう」

「ええ。お元気で」

二人は握手《あくしゅ》をかわし、互いの健闘《けんとう》を誓《ちか》った。

北里は大都市ベルリンに着くと、ちょうどコッホが開設したばかりというベルリン大学の衛生学研究所をめざした。

研究所の門の前に立つと、一つ息をはいて緊張《きんちょう》をほぐし、重い扉《とびら》を押した。

コッホは研究室で学生たちの実験を指導《しどう》していた。

「すみません、コッホ博士」

学生たちの視線が一斉《いっせい》に北里に集まった。

「どなたかな？」

「はじめまして。私は、日本からまいりました、留学生の北里です」

北里が流暢《りゅうちょう》なドイツ語であいさつすると、コッホはにこやかに近づいてきた。

「キミが北里くんか。よろしく。よい発音をしているね」

コッホはそう言って北里に握手《あくしゅ》を求めた。コッホは少しも偉ぶることなく、北里に興味をもって話しかけてくる。

「キミは今日から、私の門下生だ。ところで、キミはここで何をしたいのかね？」

「細菌学です。なかでもコレラを研究したいと思っています。日本では、先生の論文のとおりに排泄物からコレラ菌を発見し、培養実験にも成功しました」

「培養の様子はどうだったかね？」

「培養液の中で短時間で急速に倍増しました。先生の論文のとおりでした」

「それはよかった。では、ここでしっかり研究したまえ」

「はい！」

北里は、コッホの一番弟子であるレフレルのもとで研究することになった。

コッホの衛生研究所には、世界中からやってきた若い細菌学者が常時20名以上いた。コッホは講義を行ったり、食品工場や廃水処理場《はいすいしょりじょう》など衛生に関する施設を彼らに案内したりするほか、それぞれの研究についての指導《しどう》もした。

「北里くん、まだいたのかね？」

「ええ、ここでの時間は一分一秒も無駄《むだ》にはできませんから」

北里は毎晩《まいばん》遅《おそ》くまで研究所にとどまり、研究を続けていた。

そんな北里の姿《すがた》を見るたびに、コッホは「私も、一人で深夜まで研究に励《はげ》んだものだ」と若かりし日の自分と重ね合わせた。

「そうだ、北里くん。お願いがあるんだ」

「なんでしょう？」

「チフス菌やコレラ菌が増殖、あるいは死滅《しめつ》するにはどのような条件や環境が必要なのか？　こういった病原菌の性質を調べてほしいのだが……」

「もちろんです！」

北里は、雲の上の存在だったコッホからじきじきに研究テーマを与《あた》えられ、舞《ま》い上《あ》がるような気分だった。

「そうか、では頼むよ。病気の原因となる菌が増える条件、あるいは減る条件がわかれば、治療や予防に役立てられる。とても重要な研究だ」

「はい！」

北里は早速、次の日から実験にかかった。

「いろんな試薬を集めて試そう」

北里は、酸性《さんせい》の塩酸《えんさん》や硝酸《しょうさん》、硫酸《りゅうさん》、乳酸《にゅうさん》、クエン酸、アルカリ性の水酸化カルシウムやアンモニア、炭酸カリウムなど、27種類の試薬を用意した。

「これらの試薬の濃度《のうど》を変えながら、チフス菌《きん》とコレラ菌の増殖《ぞうしょく》がどのように進むかを見ていけばいい」

実験パターンは何千にも及《およ》んだ。とても根気のいる作業となったが、北里は昼夜関係なくこの作業を続け、やがて納得のいく結果を得ることに成功した。

「実によい研究だった。また次の課題も頼むよ、北里くん」

「はい、ありがとうございます」

この研究をまとめた論文はドイツの医学専門誌にも掲載《けいさい》され、北里にとって大きな自信となった。

——脚気《かっけ》を引き起こす脚気菌を発見した。

ある時、北里の目に、そんな文字が飛び込んできた。それは、オランダのペーケルハーリングという病理学者が発表した論文だった。

「ほんとかなぁ……」

北里は、直感的に疑問《ぎもん》をもった。

脚気は、ビタミンB1不足が原因で、末梢神経《まっしょうしんけい》や心臓《しんぞう》に負担《ふたん》がかかる病気だ。しかし当時は伝染病《でんせんびょう》だと考えられていた。ペーケルハーリングは、その原因となる「脚気菌」を発見したというのである。

「そういえば、東京の衛生試験所にいる時、緒方《おがた》さんが『脚気は脚気菌によって引き起こされる伝染病に違いない』と発表していたな」

北里は緒方のことを思い出した。

しかし、ペーケルハーリングの論文を読んでも、北里には腑《ふ》に落ちないところがあった。

「感染症の病原体を特定するために必要な『コッホの4原則』が満たされていない……やはり、脚気の原因は別にあるのでは？」

北里は、研究室にいたレフレルに相談してみた。

レフレルは、ペーケルハーリングの論文に目を通し、緒方の伝染病説を確認すると、しばらく考えた。彼の頭には、もちろん「コッホの4原則」がたたき込まれている。

「たしかに、キミの言うとおりだと思うよ」

「どうしたらいいでしょうか？」

「誤《あやま》りがあると思うなら、きちんと反論すべきだね」

しかし、脚気菌説に反論するということは、緒方に反論することを意味した。

「緒方さんは、細菌学を教えてくれた恩人《おんじん》なんです。その人の顔に泥《どろ》を塗《ぬ》るようなことは、とてもできません」

　レフレルも緒方のことをよく知っていた。ドイツで緒方を指導した細菌学者というのは、レフレルその人だったからだ。

「北里くん、キミの気持ちはよく分かる。しかし、科学において大事なのは、真実を明らかにすることだよ。相手が誰であろうと、誤《あやま》りがあると思うなら、誤りを明らかにしないといけない」

「ですが……」

　迷《まよ》いがぬぐえないまま、北里は自分でも脚気菌について調べてみることにした。

　まず北里は、ペーケルハーリングに宛てて、「あなたが発見したという脚気菌を送ってもらえないでしょうか」と依頼した。

　するとまもなく、ペーケルハーリングから「脚気菌」が送られてきた。

「どれどれ……」

　その細菌を顕微鏡《けんびきょう》で見てみると、すぐに気がついた。

「これは誰もが知っている種類の菌だ。脚気菌などではない。明らかな誤りだ」

　北里は、このまま黙《だま》っているわけにはいかなくなった。ペーケルハーリングに調査結果を報告すると、彼はすぐに誤りを認めた。

　こうして、北里は脚気菌発見に異議をとなえる論文をまとめ、発表した。これで大騒ぎになったのは、日本の科学界だった。

「北里のやつ、自分が世話になった緒方の説を真っ向から否定して、恥《はじ》をかかせやがった」

人々は北里のことを恩知《おんし》らずとして非難《ひなん》した。

これ以降、北里と東大医学部との関係は悪くなっていった。東大医学部は緒方との関係が深く、緒方を支持していたからだ。

のちに北里が帰国後、このことが大きな火種となる。

コッホの衛生学研究所での時間はあっという間に過ぎ、北里がドイツに来てから2年が経った頃だった。

「ミュンヘンに異動《いどう》せよ」

日本政府から北里に、そんな辞令《じれい》がくだった。ドイツ留学の残りの1年は、ミュンヘンの別の大学で学ぶよう指示してきたのだ。

「異動するくらいなら、公務員をやめます。私費でベルリン大学に残ります」

北里は命令をつっぱねた。

コッホも、北里を手放す気はなかった。

「もし日本政府が強制的《きょうせいてき》に異動させようとするなら、私が北里くんを引き取りますよ」

これには日本政府もあわてた。ヨーロッパで最先端《さいせんたん》の細菌学を学んだ貴重な留学生を失っては、元も子もない。結局、北里のミュンヘン行きは撤回《てっかい》され、引き続きベルリン大学で学ぶことができるようになった。

さらに1年が過ぎ、予定していた3年の留学期間も終わりがみえてきた。そこで北里は、日本政府に宛《あ》てて「留学の2年間延長《えんちょう》をお願いしたい」という嘆願書《たんがんしょ》を書いた。

コッホが推薦文《すいせんぶん》を書いて協力してくれたこともあり、北里に留学の2年間延長が認められた。

こうして与《あた》えられた2年間で、北里の研究は大きな実を結ぶことになる。

北里は、破傷風菌《はしょうふうきん》の純粋培養《じゅんすいばいよう》に取り組んだ。

破傷風は「破傷風菌」によって引き起こされる病気である。

破傷風菌は土の中に生息していて、人や動物の傷口《きずぐち》から体内に侵入《しんにゅう》すると、神経《しんけい》をおかす強力な毒素を出し、全身の筋肉がまひして死に至《いた》る。致死率《ちしりつ》は7割以上ともいわれる、恐《おそ》ろしい病気だ。

結核やコレラ、ジフテリアなどの病原菌はいずれも純粋培養に成功していたが、破傷風菌は誰も成功していなかった。破傷風菌は他の細菌とは違う性質をもっており、それまでの方法をそのまま応用することができなかったのだ。

破傷風菌は「コッホの4原則」の条件のうち、「②その細菌を取り出すことができ、体の外で培養できる」を満たしていなかった。このことから、他の研究者たちはみな、破傷風菌は例外的な細菌だとみなすようになっていた。

「例外があるとしたら、4原則そのものが成り立たないということになってしまう。そんなこと、あるはずがない。コッホの4原則は絶対だ」

北里はそう考えた。

「破傷風菌だって、純粋培養ができるはずだ」

北里は一人研究室に閉じこもり、実験に明け暮れた。何度も失敗を重ねるうちに、破傷風菌の特《とく》徴《ちょう》がおぼろげながらも見えてきた。

「こいつは熱にめっぽう強い。でも、酸素《さんそ》に弱く、酸素にふれただけで育たなくなる。この特徴をいかせば、破傷風菌だけを取り出すことができるかもしれない」

まず、破傷風菌にまとわりついている他の菌を高熱にさらして殺す。それから水素を送り込んで酸素を抜きとったガラス容器に破傷風菌を移す。

この「破傷風菌純粋培養法」によって、北里は世界で初めて破傷風菌の純粋培養に成功した。留学の延長が決まってから約1年後の快挙《かいきょ》だった。

「北里くん、よくやった！」

「ありがとうございます」

コッホは北里を手放しで称賛《しょうさん》した。しかし、北里はこの研究をここで終えるつもりはなかった。

「コッホ博士、私たちの研究は、世の中の役に立たなければ意味がないと思います」

「うん、まさにそのとおりだ」

「ですから私は、破傷風の原因だけではなく、治療法《ちりょうほう》を見つけたいと思っています」

「そうか、キミらしいな！　すでに、アイデアがあるということだな？」

「ええ。破傷風菌は傷口では増えるけれど、菌そのものが全身に広がるわけではありません。それなのに、症状は全身にあらわれます」

「そうだね。なぜだろうか……」

「私は、破傷風の症状は、破傷風菌が生み出す毒素のせいで引き起こされるのではないかと考えています。もしそうなら、その毒素の正体が分かれば、治療法が見えてくるはずです」

「なるほど、それは面白いアイデアだ。すぐに確かめてみなさい」

「はい」

破傷風の治療法の研究に入った北里は、まず「破傷風菌」と「菌が出している毒素」を分離する方法を編み出した。

「よし！　あとは、この毒素を退治する物質を見つければいい」

それから、数ヵ月が経った。

破傷風菌の研究に励んでいた北里は、あることに気づいた。少量の破傷風の毒素を与えられたマウスは、その後、致死量の毒素を与えても死んでいなかったのだ。

「これは単に、からだが毒素に慣れたためではない。血液の中に、毒素に抵抗する何か新しい物質ができているのではないか」

そう考えた北里は、毒素を与えても死ななかったマウスの血清を調べてみた。血清とは、血液が固まった時にできる「上ずみ」にあたる液体だ。

「やっぱり！」

血清には、見慣れない新しい物質ができていた。

「きっと、こいつが毒素をはねのけるんだ」

この物質こそ、毒素を排除《はいじょ》する「抗体《こうたい》」である。北里は、世界で初めて抗体を発見したのである。

コッホもこの発見には驚《おどろ》いて、北里の顕微鏡《けんびきょう》を興味津々《きょうみしんしん》でのぞきこんだ。

「すごい発見だ」

「コッホ博士。この抗体を使えば、破傷風の治療法が開発できると思うのですが」

「その通りだよ」

コッホはうれしそうにうなずいた。

「それなら、キミはベーリングと組んでみるといいよ」

「ベーリングですか？」

エミール・フォン・ベーリングはドイツの細菌学者で、コッホのもとでジフテリアを研究していた。ジフテリアは、この時代の多くの子どもたちが犠牲《ぎせい》になった感染症で、死亡率が高く、治療法《ちりょうほう》の確立が望まれていた。

「実はベーリングも、ジフテリアは、細菌が生み出す毒素によって引き起こされることを突《つ》き止《と》めたところなんだ」

コッホは続けた。

「血清中《けっせいちゅう》にできる抗体《こうたい》を利用すれば、破傷風やジフテリアの治療法が開発できるかもしれない。つまり、キミたちの目指しているものは同じなんだよ」

「それは心強い。ぜひ一緒にやりたいです」

こうして北里とベーリングは、血清中の抗体を使った治療法の開発を共同で行うことになった。

二人は治療法のアイデアについて話し合った。

「少量の破傷風の毒素を与《あた》えられたマウスは、血清の中に抗体ができる。だから、破傷風菌やジフテリア菌といった、病気の原因となる細菌を少しずつ動物に注射していけば、血清に抗体ができると思うんだ」

北里がそう言うと、ベーリングはうなずいた。

「なるほど。そうすれば、破傷風やジフテリアにかかっている動物を治すことができるね」

「それだけじゃないよ。血清によって抗体が獲得《かくとく》できるなら、健康な動物がその病気にかからないようにすることもできるはずだ」

「治療法だけでなく、予防法にもなるということか！」

こうして二人の研究が始まった。

まもなく、二人は「血清療法」という画期的《かっきてき》な治療法の開発に成功した。１８９０年のことだ。

このニュースは世界中を驚《おどろ》かせた。伝染病に対する治療法がまったくない時代に、一つの解決策を示したからである。

のちにベーリングは、このジフテリアに対する血清療法の研究成果によって、第1回ノーベル生理学・医学賞を受賞した。共同研究者である北里は受賞を逃《のが》したが、その後、何度も受賞候補《こうほ》として名前があげられることになった。

北里とベーリングが血清療法を開発した年の8月、師のコッホは結核《けっかく》の治療薬「ツベルクリン」を発表した。北里もその発表があったベルリンの会場を訪れていた。

「結核の治療薬を開発してしまうなんて、さすがコッホ博士だ」

北里は聴衆《ちょうしゅう》と一緒に大きな拍手を送った。

のちに、ツベルクリンには治療効果がないことが分かり、結核の診断《しんだん》にのみ用いられるようになるが、このツベルクリンの発明は、北里の留学にも大きな影響《えいきょう》を与《あた》えた。

北里には、ふたたび留学の期限切れが近づいていた。一度延長《えんちょう》を許可《きょか》してもらっているので、再度の延長は難しいと思われた。

ところが、さらなる延長が認められた。北里に対する政府の予算は尽《つ》きていたが、天皇家から破格の援助《えんじょ》があったのだ。

当時の日本は、結核の撲滅《ぼくめつ》が最重要課題の一つとなっており、コッホのツベルクリン療法に大きな注目が集まっていた。そこでコッホのもとにいる北里に留学の延長を認め、ツベルクリン療法《りょうほう》について学ばせたいと考えたのである。

こうして、2度の延長により、北里のドイツ留学は合計6年間に及《およ》ぶことになった。

そんな時、北里に一通の手紙が届いた。

「イギリスからだ……。誰だろう?」

それは、ケンブリッジ大学からの手紙だった。

——このほど、わが大学内に細菌学研究所を新設することになりました。つきましては、北里先生に所長としておいでいただけませんでしょうか。

ケンブリッジ大学といえば、オックスフォードと並ぶ名門中の名門である。研究所の規模《きぼ》や設備、予算など、どれをとっても超一流の環境《かんきょう》が整っている。

「北里くん、やったじゃないか!」

研究所の仲間は喜んだ。

「ケンブリッジ大学から誘《さそ》いを受けるということは、世界的な評価を受けた証《あかし》だよ。自分を世界にアピールする最高のチャンスじゃないか」

しかし、北里は浮《う》かない顔で言った。

「いや、残念だけど断るよ」

北里がそう言うと、仲間たちは一斉《いっせい》に目を丸くした。

「どうして!? またとないチャンスだぞ」

「私は日本に帰らないといけないからね。祖国で苦しんでいる病気の人たちを救うため……。そのために、ここで研究しているんだ」

北里は、ケンブリッジ大学に次のような断りの手紙を送った。

――留学期間が終われば、私は祖国日本に帰って、私の留学を支え、力になってくれた国家に恩返《おんがえ》ししなければなりません。ですから、イギリスには行けません。

その後も、北里にはアメリカやヨーロッパ各国の大学や研究所からいくつもの好条件のオファーが寄《よ》せられたが、北里はそのすべてを断った。

「私はここで名をあげるつもりはない。ヨーロッパよりも遅《おく》れている日本に帰り、国民の福祉《ふくし》に貢献《こうけん》したい。それが私の使命だ」

北里のこの気持ちは、まったく揺《ゆ》らぐことはなかった。

やがて、北里の帰国の日がやってきた。

駅のホームには、コッホが見送りに来ていた。

「6年間、お世話になりました」

北里の頬《ほお》は涙《なみだ》でぬれていた。

「キミのような弟子をもって誇《ほこ》りに思うよ。ありがとう、北里くん。日本に帰っても研究を続けて、思う存分祖国の発展に寄与《きよ》したまえ」

「はい！」

北里は列車に乗りこみ、ベルリンをあとにした。

「世界的な業績をあげた北里柴三郎が帰国した！」

凱旋《がいせん》帰国した北里は、多くの人々の歓迎《かんげい》を受けた。

北里の業績は輝《かがや》かしいものだった。世界的な細菌学者であるコッホの直接指導を受けたばかりでなく、破傷風菌《はしょうふうきん》の純粋培養《じゅんすいばいよう》に世界で初めて成功し、同僚《どうりょう》のベーリングとともに破傷風とジフテリアの血清《けっせい》療法を確立した。北里は、いまや人々の期待の星であり、日本中がその帰国を待ち望んでいたのである。

「日本のためにがんばるぞ！」

北里は自信とやる気に満ちていた。

ところが、内務省の衛生局《えいせいきょく》に戻《もど》ってみると、様子がおかしかった。誰からも歓迎されないどころか、冷たい態度をとられ、針《はり》のむしろにいる心地だった。

「緒方先生の名誉《めいよ》を傷つけた恩知《おんし》らずめ」

そんな声が聞こえてきた。

衛生局は、母校・東大医学部の流れをくむ学者や研究者で占《し》められていた。彼らは、大先輩である緒方が発表した「脚気《かっけ》は脚気菌によって引き起こされる」という説に、北里が反論したことが気にくわなかったのだ。当時の日本の社会は、何よりも人間関係を大切にしていた。恩人《おんじん》を裏切《うらぎ》るというのは考えられないことだったのだ。

「でも、科学の発展のうえでは、正しいことを追求するのが当然だ。しかも、私の反論の正しさは証明《しょうめい》されている」

北里はそう思ったが、とても理解してもらえる雰囲気《ふんいき》ではなかった。

「日本のために」と意気込んで帰国したにもかかわらず、北里には、研究を続けていく場所がなかった。研究所どころか、研究室さえも与《あた》えられなかった。

すると、ある職員がこんなことを言った。

「福澤諭吉《ふくざわゆきち》に会ってみないか」

「福澤先生に？」

福澤諭吉は、明治時代を代表する思想家にして教育者である。日本で最初の私立大学、慶應義塾大学を創設したことでも知られる。

「なぜ福澤先生に……」

そう思いながら、北里は福澤のもとを訪ねた。着流しで颯爽《さっそう》とあらわれた福澤は、北里を見るなりこう言った。

「あなたが北里先生か。聞くところによると、家に引きこもっているそうですね」

「ええ、職場には研究室もなく、何もやらせてもらえないので」

「あなたのような世界的な業績を残した人が活躍《かつやく》する場がないというのは、国家の損失《そんしつ》ですな」

「私もなんとかしたいと思っているのですが……」

すると福澤は顔をぐっと近づけて、こう言った。

「とにかく、小さなことからでいいから、始めなさい。僕が芝公園《しばこうえん》に借りている土地があるから、そこに研究のための建物を建てたらいい。毎月の研究費も僕が負担《ふたん》するから、必要な金額を計算してくれませんか」

「ほんとですか？　でも、そこまでしていただくのは申《もう》し訳《わけ》ない……」

「これも国のためですよ。北里先生には大いに活躍していただかないと」

北里は福澤の器の大きさに感服《かんぷく》した。

まもなく、北里を所長とする「大日本私立衛生会附属伝染病研究所《えいせいかいふぞくでんせんびょうけんきゅうじょ》」（現在の東京大学医科学研究所）ができた。これが日本初の伝染病研究所となった。

わずか6部屋の小さな研究所だったが、ここが日本国内のさまざまな伝染病とたたかうための拠点《きょてん》となった。

すると、国も北里の伝染病研究所に注目し始めた。「わが国の伝染病や衛生に関するすべての問題は、北里柴三郎所長の手にゆだねたい」として、伝染病研究所へ多額の補助金《ほじょきん》を支給したのだ。

この補助金を使って、研究所は東京の芝区《しばく》・愛宕町《あたごちょう》に移転し、付属病院を含《ふく》めた立派な施設を構《かま》えることができた。

「ジフテリアの治療薬ができないか」

北里は、この研究所でジフテリア抗血清《こうけっせい》の開発に取り組んだ。

抗血清とは、動物の体内に病原菌や毒素などを少し注射し、血液中に免疫《めんえき》のもとになる抗体《こうたい》をつくらせ、それを取り出した血清である。

こうした抗血清は、ジフテリアの病原菌や毒素を退治する力がある。ジフテリアの症状がある人に注射すれば、治すことができるし、まだかかっていない人に注射すれば、ジフテリアにかかりにくい免疫をつくることができる。

こうした研究の成果が生まれ始めた頃、海外から恐《おそ》ろしいニュースが飛び込んできた。

「香港《ほんこん》でペストが大流行してるぞ!」

ペストは、おもにヨーロッパで流行を繰《く》り返《かえ》してきた伝染病だ。あの古代ギリシャの医者ヒポクラテスも、アテネでの大流行に直面した。しかし、このペストの病原菌は、いまだに見つかっていなかったのである。

「ペストの病原菌を突《つ》き止《と》めるチャンスかもしれない」

北里がそう思っていると、日本政府から「ペストの調査のため香港へ行くように」という命令がくだった。

すぐに調査隊が組まれ、北里をあわせた6人の医学関係者が香港に向けて送り出された。

当時、香港はイギリスの植民地だった。香港に到着《とうちゃく》した北里たちを出迎《でむか》えたのは、イギリス人医務官ジェームス・ラウソンだった。

「北里先生が来てくださるとは、心強い」

北里は「東洋のコッホ」としてよく知られており、ラウソンはその北里に会えたことをとても喜んでくれた。

ラウソンは、それまでの状況を報告した。彼によると、ペストの調査が思うように進んでいない理由の一つには、文化的な背景《はいけい》があるらしい。

香港はイギリスの植民地とはいえ、中国の文化が根付いており、儒教《じゅきょう》が盛《さか》んだった。儒教の教えでは、「医者は生きている人間を相手にするもので、死体には手を出してはいけない」とされていた。そのため、ペスト患者《かんじゃ》の死体の解剖《かいぼう》ができなかったのである。

「それでは、ペストの正体をあばくことはできません。なんとかして、ペストで亡《な》くなった患者の遺《い》体《たい》を手に入れてもらわないと」

北里は、ラウソンに言った。

するとラウソンは、どこかから遺体を手に入れ、北里に提供《ていきょう》してくれた。

「ありがとう。ラウソン先生」

「いえ、なんてことないですよ。ただ、解剖は隠《かく》れてやったほうがいい。知られると、面倒《めんどう》なことになるかもしれませんから」

「ええ、分かってます」

北里たちは、人目につかない場所で解剖調査を始めた。遺体を解剖して取り出した臓器《ぞうき》や血液のサンプルを、次々と顕微鏡《けんびきょう》で観察していく。すると……。

「これがペスト菌ではないか？」

顕微鏡をのぞきこんでいた北里の目に、それらしいものが映り込んだ。まだ調査を始めて2日しか経《た》っていなかった。

「さすが北里先生だ！」

コッホのもとで鍛《きた》えられていた北里は、世界一流の観察技術で、これまで誰も発見できなかったペストの病原菌を発見したのである。

ところがその後、誰もが危惧《きぐ》していた事態に直面した。北里の調査隊のメンバー6人のうち、2人がペストにかかってしまったのだ。

「病院船に運びこもう」

北里はラウソンの助けを借り、2人を港に浮《う》かぶ病院船に運びこみ、治療《ちりょう》を行った。

このままでは調査隊に感染が広がり、全員が命の危険にさらされるという恐《おそ》れもあった。北里をはじめ有能な研究者が死んでしまったら、ようやく本格化した日本の感染症の研究がついえてしまうことになる。

「すぐ帰れ！」

日本にいる福澤からは、そんな電報が届《とど》いた。調査隊に感染者が出たことは日本でも報じられ、福澤も心配していたのだ。

「先生、どうしますか？」

調査隊はみな動揺《どうよう》していたが、誰一人帰国したいとは言わなかった。北里の思いも同じだった。

「仲間を見捨てて帰れない。このまま続けよう」

北里は連日、病院船に2人を見舞《みま》いに行って、励《はげ》ました。その甲斐《かい》あってか、2人は奇跡的《きせきてき》に回復に向かった。

「よかった。よくがんばった」

ほっとした北里は、遅《おく》れていたペスト菌の確認作業に入った。ペスト菌を、「コッホの4原則」に照らし合わせてみる。

「先生、4原則をすべてクリアしています」

「うむ。間違いないな。これはペスト菌だ！」

世界で初めてペスト菌を発見した瞬間《しゅんかん》だった。

北里は帰国すると、さっそくペスト菌発見の論文を書き、純粋培養《じゅんすいばいよう》されたペスト菌のサンプルとともにコッホのもとへ送った。

「これまで人類を苦しめてきたペスト菌を発見するとは、さすが北里くんだ」

コッホはそう言って、愛弟子《まなでし》の活躍《かつやく》を心から喜んだ。

それからの北里は、伝染病研究所の所長として、さまざまな取り組みを行い、日本の公衆衛生学《こうしゅうえいせいがく》の基礎《きそ》を築《きず》いていった。

衛生学や細菌学の基本をより多くの医療《いりょう》関係者に学んでもらおうと、講習会を開いたり、看護師《かんごし》養成のため1年コースの看護学校を開設した。

研究所は、多くの優秀な細菌学者を輩出《はいしゅつ》した。その中には、赤痢菌《せきりきん》を発見し、のちに慶應《けいおう》大学医学部教授となる志賀潔《しがきよし》や、黄熱病《おうねつびょう》の研究で世界的な医学者となる野口英世《のぐちひでよ》などもいた。

また、伝染病研究所を通して、国は10種類の伝染病に関する「伝染病予防法」を制定した。この伝染病予防法は、それから100年以上にわたって日本の予防医学と公衆衛生学の基礎となる。

1899年3月、伝染病研究所は内務省の監督下《かんとくか》におかれ、国立伝染病研究所となった。北里はそのまま所長としてとどまった。そしてその後も、北里は無我夢中《むがむちゅう》で日本の公衆衛生を改善《かいぜん》するために働いた。

そして1908年6月、北里が待ちに待った日がやってきた。

朝霧《あさぎり》が立ち込める海の向こうに、アメリカの蒸気船《じょうきせん》の影《かげ》があらわれた。

「いらしたぞ！」

横浜港に蒸気船が横づけされると、人々が一斉《いっせい》に群《むら》がった。その人だかりにもまれながら、北里は船上に老夫婦の姿《すがた》を見つけた。

「コッホ博士！」

北里は大声で叫《さけ》んだ。北里は、コッホ夫妻を日本に招《まね》いたのだ。

「おお！　北里くん！」

北里は、上陸したコッホ夫妻を迎《むか》えた。

「よくぞいらっしゃいました」

「ご活躍《かつやく》の様子だね、北里くん」

実に16年ぶりの恩師《おんし》との再会だった。

それからコッホは日本に約2ヵ月滞在《たいざい》したが、北里はそのすべての行程を取りしきり、どこへ行くにもコッホ夫妻に寄《よ》り添《そ》って案内した。北里は忙《いそが》しい合間を縫《ぬ》って、コッホ夫妻のために予定をあけていたのだ。

コッホは日本のどこへ行っても歓迎《かんげい》された。コッホにとっても日本視察《しさつ》は長年待ち望んでいた夢であり、とても充実《じゅうじつ》したものとなった。

「北里くん。私は毎日、なにか新しいもの、美しいもの、そして興味あるものを発見しているよ」

コッホはそう話した。

その2年後、コッホはドイツで亡《な》くなった。北里にとってこれが最後の恩返《おんがえ》しとなった。


1914年、第一次世界大戦が始まった。

日本政府から北里のもとに要請《ようせい》が届《とど》く。

「組織を縮小《しゅくしょう》してくれ」

それまで内務省のもとにあった国立伝染病研究所を、文部省（現在の文部科学省）のもとに移すという。戦争で軍事費がかさむため、より小さな組織にしようというのだ。

「組織を小さくしてしまったら、伝染病の研究をしたり、各種の血清《けっせい》やワクチンを安全に量産できなくなります」

北里はきっぱりと反対した。

しかし、政府の方針《ほうしん》はくつがえることはなかった。

「それなら仕方ありません」

覚悟《かくご》を決めた北里は、辞表《じひょう》を提出《ていしゅつ》した。

北里は自分一人で辞《や》めるつもりだったが、「北里所長なしでは研究なんかできません」と、北里を慕《した》う研究員たちも次々と辞めていった。

「先生についていきます」

結局、研究員の全員が辞表を提出した。

「キミたち……。そこまでの覚悟があるというのなら、我々《われわれ》で新しい研究所をつくろう」

北里は私費や寄付金《きふきん》を集めて「私立北里研究所」(現在の学校法人北里研究所、北里大学の母体)を設立した。

研究所の開設にあたり、北里はこう述べた。

「どんな研究成果をあげたとしても、実生活に利用できなければ意味がありません。わが研究所での研究成果は、わが国の皇室および国民の発展のために、ひいては世界人類の幸福、利益のために行われるものと、かたく信じています」

北里研究所では、細菌などの微生物学を中心として、免疫《めんえき》、化学、病理学、薬物学、実験治療学、衛生学、公衆衛生《こうしゅうえいせい》のほか、農業、水産業、工業など、その研究分野は広範囲《こうはんい》に及《およ》んだ。

一方、北里にはこんな依頼《いらい》もきた。

「新たに医学科を開設するのですが、北里先生に医学科長になっていただけないでしょうか」

慶應義塾《けいおうぎじゅく》大学からの誘《さそ》いだった。北里は、この依頼を快《こころよ》く引き受けた。

「もちろん、お引き受けいたします。私は、福澤先生に救っていただきましたからね。その恩返《おんがえ》しのつもりでがんばります。そうそう、医学科をつくるのなら、付属病院を一緒につくったほうがいいでしょう」

「付属病院ですか？」

「そうです。そうすれば、大学で病気のことを研究することができ、病院では実際に患者《かんじゃ》を診《み》て治《ち》療《りょう》を行うことができます。病気の研究、つまり基礎《きそ》医学と、実際に患者を治療する臨床《りんしょう》医学、この二つが連携《れんけい》することがとても大切です」

「なるほど」

1917年、北里のさまざまなアドバイスをもとに、慶應義塾大学部医学科が開設された。その3年後には、医学部へ改組されるとともに、大学付属病院もスタートした。これがその後の日本の医学部のモデルとなっていく。

北里の病気とのたたかいは、亡《な》くなるまで続いた。今日、日本には、世界でも有数の防疫体制《ぼうえきたいせい》が整えられている。これこそが、北里が残した大きな功績なのである。

科学の
先駆者たち

X線を発見した物理学者

レントゲン

「この落書きの犯人は誰だ？　レントゲン君、キミか？」

教師はレントゲンの ことをにらみつけた。レントゲンのことをよく思っていないこの教師は、何かにつけてレントゲンを攻撃するのだった。

「先生、残念ながら、僕はこんなにうまく絵を描けません」

それは、絵の上手な友だちのスペールマンが描いたものだった。ストーブの黒い防熱衝立に、ことさら鼻を大きく強調して教師の似顔絵を漫画風に落書きしたのだ。そこへ、教師が突然、時間よりも早く教室に入ってきたものだから、落書きが見つかったというわけだ。

「では、誰が描いたというのか？　言ってみなさい」

「先生、それは申し上げられません」

「なぜだ？」

「僕は、裏切り者にはなりたくないからです」

「なんだと!?」

「僕にとって、友情は何より大切なものです」

「すばらしい！　友情は大切にしたらよい。しかし、教師を侮辱した友だちをかばうことは、決して正しい行いとはいえないよ、レントゲン君」

友人をかばったレントゲンの行動はクラスの仲間から称賛されたが、教師をよけいに怒らせることになった。その代償は大きかった。

「このまま下宿に帰りたまえ！」

レントゲンには、退学処分がくだされたのだ。

ウィルヘルム・コンラッド・レントゲンは、1845年3月27日、ドイツ（当時のプロイセン）西部にある小さな町レンネップ（現在のレムシャイト）で生まれた。父フリードリッヒは、三代続く商人の家系で、織物工場《おりものこうじょう》を経営《けいえい》していた。母シャルロッテはオランダの商人の家系で、二人はいとこ同士にあたった。

晩婚《ばんこん》だった二人は、すぐには子どもができなかったため、レントゲンの誕生《たんじょう》は家族にとって待望の瞬間《しゅんかん》であり、親戚中《しんせきじゅう》が集まってお祭り騒《さわ》ぎとなった。

レントゲンが3歳の時、一家は母の故郷であるオランダのアペルドールンに引《ひ》っ越《こ》した。オランダは貿易《ぼうえき》が盛《さか》んな国で、父は貿易商として成功した。

裕福《ゆうふく》だったレントゲンの家には、高級な家具や工芸品、陶器《とうき》などが数多くあり、家宝として受《う》け継《つ》がれてきた絵画などがいたるところに飾《かざ》られていた。

息子を溺愛《できあい》する父は、レントゲンに、細かな砂で動く小さな木製《もくせい》の手作り風車をプレゼントしたり、またある時は、ドイツに住んでいた時の我《わ》が家《や》を精密《せいみつ》につくりあげた模型《もけい》をプレゼントしたりした。この模型は、家の中まで本物そっくりに再現するという手のこみようだった。

レントゲンはこれらのプレゼントを生涯《しょうがい》、大事に保管したという。

17歳になると、両親のもとを離れ、ユトレヒトにある私立の工芸学校に入学した。下宿先は、理論化学を担当するヤン・ヴィレム・フニング教授の家だった。

レントゲンは成績がきわめて優秀で、そのまま順調に大学に進学できると思われていた。ところが、2年生の冬に状況が一変した。あの「落書き事件」に巻き込まれてしまったのである。

退学処分となったレントゲンは、思わぬ苦境に立たされた。

知らせを受けた両親は、あわてて学校を訪れ、それからフニング教授のもとにやってきた。

「学校に退学処分の撤回を求めたんですが、どうすることもできず……」

フリードリッヒは頭を抱えた。

「先生を怒らせてしまいましたからね。残念ながら、退学処分はくつがえらないでしょう」

フニング教授もため息をついた。そんな男二人をよそに、シャルロッテは一人落ち着いていた。

「友だちを守ろうとしたのは立派なことよ。がっかりすることないわ」

「でもね、このままでは大学に行けなくなるんだよ。どうすればいいんだ……」

たしかにそうではあるが、その言葉はフリードリッヒにとって、何の慰めにもならなかった。

するとフニング教授は言った。

「あの子は才能があるし、ぜひ大学に行ってほしいと思っています。まだチャンスはありますよ」

「チャンス!?」

「大学入学資格試験に合格すれば、特例で入学が認められるんですよ」

「ほんとですか!?」

フリードリッヒは喜んで、妻《つま》を抱《だ》きしめた。

「息子なら、絶対に合格できますよ!」

この話を聞いたレントゲンは、「これで両親を悲しませせずにすむ」とほっとして、大学入学資格試験に向けて勉強を始めた。

その努力が実って筆記試験はすんなり合格し、残るは口頭試問のみとなった。

「何を聞かれたって大丈夫《だいじょうぶ》さ」

レントゲンには自信があった。

「次……、レントゲン君、入りたまえ」

「はい! 失礼します」

試験の部屋に入ると、口頭試問官の中に、見覚えのある顔があった。

「校長が急病で倒《たお》れてね。かわりに私が行います」

それは、落書き事件の教師だった。

「はっ、はい」

レントゲンは、「これはまずいことになった」と思った。案《あん》の定《じょう》、教師はあからさまに難問をぶつけてきた。

「どうかね? 答えられないようだね」

レントゲンはほとんどの問題に答えられなかった。試験は不合格となり、レントゲンの大学進学の夢は絶たれてしまったのである。


「やぁ。キミはいつも熱心に勉強しているね」

ある日、一人の学生が、レントゲンに声をかけてきた。

レントゲンは、大学で勉強することをあきらめられず、聴講生としてユトレヒト大学の講義を受講していたのだ。当時の大学では、正式な学生ではなくても講義に参加することが許されていた。

「うん。でも僕は聴講生だから、正式にはここの学生じゃないんだ」

「そうなのか？　キミのような優秀な学生が入学できないなんて、信じられないな」

「いろいろあってね……。でも、まもなく講義にも参加できなくなる。聴講生がいられるのは、最初の学期末試験までだからね」

「そうか……」

彼は腕を組んでしばらく何かを考えていたが、やがて口を開いて言った。

「ねぇ、スイスのチューリヒにある、ポリテクニクムという学校を知ってるかい？」

「うん」

「あそこは、高校を卒業していなくても、入学試験にパスすれば入学が許されるんだよ。ただし、試験はすごく難しいけどね」

「ほんとかい？」

ポリテクニクムは、現在のチューリヒ工科大学である。アインシュタインをはじめ、これまで21名のノーベル賞受賞者を輩出《はいしゅつ》した名門大学だ。

「キミならきっと合格できるよ」

「ありがとう。その学校を受験してみるよ！」

レントゲンは、さっそく受験の手続きをとった。

「今度こそ、絶対合格してやる！」

レントゲンは万全の準備をした。

ところが、不運は重なるものである。スイスに出発する直前、角膜炎《かくまくえん》にかかってしまったのだ。

「試験はあきらめなさい」

医者はそう言ったが、レントゲンは食い下がった。

「でも、それでは困《こま》ります。僕は大学に入るためにがんばってきたのに」

「失明してもいいんですか？」

「いえ、それは……」

「とにかく、今回は無理です。くれぐれも安静にするように」

医者は、きつくレントゲンを制止《せいし》した。

「なぜこんなについていないのかなぁ……」

この時ばかりは、不運な自分の人生をうらんだ。

「これは、神が与《あた》えた試練なのだろうか。そうだとしたら、ここであきらめてはいけない。できることはまだあるはずだ」

レントゲンは、一縷《いちる》の望みをかけて学校に手紙を書くことにした。

——私は、どうしても進学したいのです。大学で一生懸命《いっしょうけんめい》勉強したいと思っています。

病気を理由に受験できなかったことも説明し、医者の診断書《しんだんしょ》をそえて、ポリテクニクムの校長宛《あ》てに送った。

「これはオランダの学生からの手紙だな。そうか、試験を欠席したのは病気が理由だったのか……」

校長はレントゲンの手紙を読んだ。

「とても熱意が伝わってくる。しかし、学業の成績が分からないことには、判断《はんだん》しようがないな」

すると副校長が「ありますよ」と言って、レントゲンが学んだユトレヒトの工芸学校での成績を見せた。

「数学と化学の成績が突出《とっしゅつ》していますね」

「……なるほど。こんな学生は大歓迎《だいかんげい》だ。入学させてあげなさい」

こうしてレントゲンの願いは叶《かな》えられ、ポリテクニクムへの入学が許可された。

１８６５年の冬、レントゲンはポリテクニクムの機械技術学科に入学した。

ここでレントゲンは、当時の最先端《さいせんたん》であった蒸気機関《じょうききかん》に関する機械技術の分野を熱心に学び、3年にわたってほぼ最優秀の成績を収めた。

卒業試験にも合格したレントゲンは、機械技師の免状《めんじょう》を取得した。しかし、そのまま機械技術を専門としていいのか、決断できずにいた。

「物理のほうがずっと面白いんだよな。できることなら、クント教授の光学理論を研究してみたい」

アウグスト・クント教授は、新しく着任したばかりの29歳の実験物理学者だった。講義では、物理学の光学理論を教えており、レントゲンはその理論に興味をもっていた。

「クント教授！」

「おお、またキミか」

レントゲンは、クント教授の実験室に入りびたりになった。

「実験を手伝ってもいいですか？」

「もちろんだよ。キミは物理学のセンスがあるし、実験器具の扱《あつか》いも丁寧《ていねい》だからね。こちらも助かるよ」

「でも僕は機械技術学科なので、物理学はほとんど勉強していないんですよ」

「そうだったのか……。それで、卒業後の進路はどうするんだ？」

「まだ悩《なや》んでいます。これまで学んできた機械技術よりも、できることなら物理学のほうへ進みたいですが……専門《せんもん》ではないので、どうしたらいいか分かりません」

「それなら、私の助手として働かないか？」

「えっ!?」

「物理学というのは、自然現象の本質やしくみを突き詰める学問だよ。とくに私が専門とする実験物理学は、実験を重ねながら、さまざまな謎を解き明かしていく。キミは実験器具を正確に扱えるし、改良する器用さもある。助手として協力してくれるなら、歓迎するんだけどね。物理学の勉強はこれからやればいい」

「ほんとですか？　ぜひ、お願いします」

レントゲンは、ようやく自分のめざす道が見えてきた。


レントゲンは、クント教授の研究助手として働きながら、自分の研究を行い、「気体に関する研究」という論文で博士号を取得した。

そんな時、クント教授がドイツへ行くことになった。

「今度、ドイツのヴュルツブルク大学に赴任することになったんだ。一緒に来てくれるか？」

「もちろんです」

「たしか、キミは婚約したばかりだったよな。本当に大丈夫か？」

「ええ、まぁ」

レントゲンは、ベルタという女性と恋に落ち、婚約したばかりだった。レントゲンにとって、彼女と同じくらい研究も大切だった。そこで、ベルタには、レントゲンの両親のいるアペルドールンにとどまってもらうことにして、クント教授についてドイツへ向かった。1870年の夏のことだった。

「ずいぶん古い建物ですね」

「建物だけじゃない。実験設備もひどいものだよ」

ヴュルツブルク大学は、決して恵まれた環境とはいえなかった。二人は実験室を見まわして、ため息をついた。

「チューリヒに帰りたくなりますね」

「まったくだ。でも、ここでやるしかない」

クント教授とレントゲンは、実験装置を改良しながら研究を始めた。

レントゲンは、チューリヒから続けていた「定圧定容器《ていあつていようき》での比熱に関する実験」を再開した。同じ実験を入念に何度も繰《く》り返《かえ》し、計算も慎重《しんちょう》に行った。

しかし、結果は奇妙《きみょう》なものになった。

「どうしてだろう？　コールラウシュ先生の数字と合わない」

ドイツの高名な実験物理学者フリードリッヒ・コールラウシュは、すでに同じ実験を行い、結果を発表していた。しかし、その数字とどうしても一致《いっち》しなかったのだ。

「やはり、コールラウシュ先生の数字が間違っているのかもしれない」

しかし、無名な助手にすぎないレントゲンが、コールラウシュの結論に異議を唱《とな》えるのは、とても危険《きけん》なことだった。

レントゲンは、自分の実験と計算の結果を論文にまとめ、クント教授に見せた。

「コールラウシュ先生の論文には間違いがあると思います。僕の結果のほうが正しいはずです」

クント教授はその論文をぱらぱらめくると、険《けわ》しい顔で「預かっておこう」とだけ言った。その様子を見て、レントゲンは後悔《こうかい》した。

「やっぱり、やめておけばよかった……。僕のような若造《わかぞう》がやるべきではなかったんだ」

それから一ヵ月が過ぎても、クント教授があの論文について何か言うことはなかった。

「高名な先生の論文が間違っているだなんて生意気なことを言ったから、あきれられたのだろうか。それとも、僕の論文の出来があまりにも悪くて、失望されただろうか……」

そんなことを考えているうちに、レントゲンは、クント教授と実験室にいるのが気まずくなってきた。「自分から謝《あやま》ろうか」とも思った。

ところがある日、実験室の机《つくえ》に見なれない一冊の雑誌が置いてあった。

「『物理化学年報』……。なんだろう」

レントゲンが何げなく開いてみると、赤線の引かれた記事があった。

――空気の比熱比の決定について。

「これは僕の論文だ！　どういうことだ？」

すぐにクント教授の顔が浮《う》かんだ。

「そうか！　クント教授が雑誌社に送ってくれたんだ」

クント教授はレントゲンの正しさを確信し、権威《けんい》ある科学雑誌に論文を送ってくれたのだ。雑誌社もその論文の正しさを認め、掲載《けいさい》したのである。

このときから、レントゲンは一人前の物理学者として歩み始めた。

1872年、レントゲンはベルタと結婚。二人はヴュルツブルク大学の近所で新婚生活を始めた。その後レントゲンは、アルザス・ロレーヌ地方のストラスブール大学の助教授などを務めたあと、1879年、ドイツ西部にあるギーセン大学の教授となった。この頃には、レントゲンは気鋭《きえい》の若手研究者として、ヨーロッパじゅうで知られた存在となっていた。

ギーセン大学の10年間のうちに、レントゲンは電気や気体、熱、光線などのさまざまな物理学的分野で、18本もの論文を発表した。

1888年、レントゲンはふたたびヴュルツブルク大学に戻《もど》った。しかしその6年後に、恩師《おんし》のクント教授が急逝《きゅうせい》した。

「先生、ありがとうございました。先生のように、これからも実験を重ねて謎《なぞ》に挑《いど》み続けます」

レントゲンを物理学の道へ誘《さそ》ってくれた恩師の死は、深い悲しみとなった。

クントの急逝と前後して、レントゲンはヴュルツブルク大学の学長となった。それまでの数々の研究成果が認められたのだ。

しかし、レントゲンの大学での様子は、学長となっても何一つ変わらなかった。一人で実験室に閉じこもっては、研究に明け暮れたのである。

「学長、もうそこまで研究をされなくても……」

大学の職員はそう進言したが、レントゲンはきっぱりと言った。

「私は学長ではあるが、研究は続ける。クント教授にそう誓ったのだから」

「新しい現象を研究したい」というレントゲンの欲求は、おとろえることはなかった。

「真空でも電気が流れるだって？」

レントゲンは、この頃の物理学者たちが注目していた「真空放電現象」について調べ始めた。

電気は、ふつうは空気中を流れない。しかし、二つの物質のあいだに高い電圧がかかると、雷のように電気が空気中を流れる。この現象を「放電」という。

空気を抜いた真空のガラス管の中に高い電圧をかけると、離れたプラス極とマイナス極のあいだに電気が流れ、光として観察できる。これが真空放電だ。

この真空放電を観察することで、「電気の移動を可能にしているものは何か」を追究する研究が、当時ブームとなっていた。

「二つの極のあいだには、目に見えない電気の『もと』が飛んでいて、それが電流になるのだろう」

研究者たちはそのように考え、この電流を「陰極線」と名づけた。

「陰極線にはどのような性質があるのか？」

「陰極線を空気中に取り出して調べられないか？」

研究者たちは、こぞって陰極線の謎を調べ始めた。

そんな研究者たちのうちの一人、ドイツの天才物理学者ハインリヒ・ルドルフ・ヘルツは、こう考えた。

「陰極線をさえぎることはできないだろうか？」

ヘルツが陰極線をごく薄《うす》いアルミ箔《はく》でさえぎってみたところ、陰極線はアルミ箔を通り抜けた。

「陰極線は物質を通り抜けるのか！　では、2枚にしたらどうなるだろう？」

アルミ箔を2枚重ねてみると、陰極線は通過しなかった。

「陰極線は、新しい形の光（電磁波《でんじは》）ではないだろうか」

ヘルツはそう考えた。

「陰極線はアルミ箔の枚数によって通り抜けたり、さえぎられたりする。この性質を使えば、陰極線を空気中に取り出せるかもしれない」

ヘルツはこうして研究を進めていったが、彼を突然《とつぜん》の不幸が襲《おそ》った。ヘルツは、37歳の若さで急死してしまったのだ。

「先生の無念は僕が晴らす……！」

ヘルツの弟子であるドイツの物理学者フィリップ・レナルトは、ヘルツの研究を引《ひ》き継《つ》いだ。レナルトは、陰極線《いんきょくせん》を発生させるガラス製《せい》の真空放電管に小さな窓《まど》をあけ、うすいアルミ箔《はく》でおおった。これは「レナルト管《かん》」と呼《よ》ばれる。

この器具を使って真空放電を起こすと、陰極線が窓をおおったアルミ箔を通り抜けた。

「やった！　陰極線を放電管の外に取り出すことに成功したぞ！」

レナルトは興奮《こうふん》した。ただし、空気中に飛び出した陰極線は、わずか2センチメートルほどで消えてしまった。

さらに、その陰極線を蛍光物質《けいこうぶっしつ》をぬった蛍光板に当てると光を発すること、また、写真の乾板《かんぱん》を感光させることも分かった。

「陰極線を空気中に取り出すことに成功しただと？」

レントゲンは、レナルトの論文を興味深く読んだ。

「真空管の中の放電現象そのものを研究するよりも、レナルトのように、陰極線を空気中に取り出し、それを調べたほうが面白そうだ」

そこでレントゲンはレナルトに手紙を出し、陰極線を空中に取り出すための放電管（レナルト管）を提供《ていきょう》してもらった。

それと同時に、さまざまな研究者の論文を読みあさった。

ある論文には、陰極線は磁場《じば》で曲げられるが、その曲げられ方は管内の気体の性質や圧力とは無関係だと書いてあった。

「……ということは、陰極線を電磁波とする説明では矛盾《むじゅん》が生じるな。陰極線とは何なのだろう？」

1895年の秋、レントゲンは本格的に陰極線の実験に取りかかった。

「まずは、レナルトの実験を再現してみよう」

レントゲンの実験はいつも丁寧《ていねい》だった。レナルト管のアルミ箔の窓を通して、陰極線を空気中に取り出す実験はすぐに成功した。

「陰極線はアルミ箔という薄《うす》い金属板を通り抜ける。だとしたら、電圧を高くしていけば、きわめて薄いガラス管の壁《かべ》も通り抜けるのではないか？」

そう考えたレントゲンは、イギリスの化学者で物理学者のウィリアム・クルックスが考案した、西《せい》洋梨型《ようなしがた》の真空放電管（クルックス管）を準備した。そして、陰極線の光を観察しやすいように、クルックス管を黒いボール紙でおおった。

「これでよし。まずは、黒いボール紙が光を通さないことを確かめるため、部屋を暗くして観察しよう」

部屋の明かりを消し、それから、クルックス管のスイッチを入れて電流を流した。管からは、一筋《ひとすじ》の光も外に漏《も》れ出《で》てこなかった。

「よし、うまくいったな。次の実験に移ろう……」

そうつぶやいて、スイッチを切ろうとした時だった。

レントゲンは異変を感じた。背後《はいご》に、何か光るものがある。この部屋は完全に光を遮断《しゃだん》したはずだ。何かがおかしい。

「何だろう……」

振《ふ》り向《む》くと、青緑色の光が視界《しかい》に入ってきた。

「あれは……」

それは、実験台の上に置かれていた予備の蛍光板《けいこうばん》だった。蛍光板が、青緑色のかすかな光を放っている。しかし、クルックス管と蛍光板は90センチも離れている。

「どういうことだ!? 陰極線《いんきょくせん》? いや、陰極線は2センチ先までしか届《とど》かないはずだ。この光は何だろう……」

不思議に思ったレントゲンは、もう一度同じ実験をやってみた。スイッチを入れて電流を流す。すると、同じように蛍光板が光った。

「何ということだ!」

レントゲンはこの実験に夢中になった。蛍光板を近づけたり、離したり、さまざまなパターンで実験を繰《く》り返《かえ》した。何度やっても、結果は同じだった。

レナルト管では、空気中の陰極線は2センチほどしか届かない。それがクルックス管では90センチ離れたところにも届くのだ。

「なぜ、あんなに離れた場所の蛍光板が光るんだろう?」

レントゲンは研究にはまりこみ、自宅の1階の実験室にこもりきりとなった。

「夕食の時間だわ。彼を呼《よ》んできてもらえる？」

「はい、奥様」

妻のベルタは、なかなか実験室から出てこないレントゲンを、使用人に呼びに行かせた。この頃は、家族と顔をあわせるのは食事をする時ぐらいになっていた。食事の時でさえも、彼はずっと何かを考えていて、口数は少なかった。

「ごちそうさま」

「あなた、どこへ？」

「実験だよ」

「夜も寝《ね》てないようだし、体を大事になさって」

「うん……」

そう返事をしながらも、レントゲンの頭は、いまや陰極線のことでいっぱいになっていた。立て続けの実験で疲労《ひろう》がピークを迎《むか》えていたが、それとは逆に思考は研《と》ぎ澄《す》まされていった。

「そうか！　これは陰極線の仕業《しわざ》ではないのだ。もしかしたら、何か別の線が出ているのではないか？　そいつが蛍光板を光らせているんだ」

レントゲンは、その目には見えない謎《なぞ》の線を見つけるため、必死に考えた。

「この謎の線は、空気中を通り抜ける距離《きょり》が陰極線より長い。それならば、ほかの物質を通り抜ける力があるのではないか？」

レントゲンはこの仮説にもとづき、クルックス管と蛍光板の間にさまざまなものを置いていくことにした。

「トランプは通り抜けて、蛍光板が光る……。本は、それほど光らない……。薄いアルミの板は、本と同じ程度に光る。では、薄い鉛《なまり》の板ではどうか……」

すると、どうだろう。薄い鉛の板では、完全に線が遮断《しゃだん》され、蛍光板はまったく光らなかった。

「鉛には、謎の線を遮断する力があるのか。では、鉛板に穴をあけたら、通り抜けるだろうか？」

レントゲンは、丸い鉛板の真ん中に穴をあけ、クルックス管と蛍光板の間にかざした。

その時だった。レントゲンは思わずのけぞった。

「なんだ!?　これは……」

見たこともない奇妙《きみょう》なものが蛍光板に映し出されていた。鉛板の丸い黒い影《かげ》の中に、明るい部分が映し出されている。同時に、レントゲンが鉛板をつかんでいた親指と人差し指が、くっきりと浮《う》かびあがっていた。

「これは、私の指だ。でも……」

指の部分には、不気味な模様《もよう》の陰影《いんえい》がついている。

「骨だ……。私の指の骨だ……」

背筋《せすじ》が凍《こお》る思いだった。

「……しかし、なぜ骨が？」

レントゲンは、信じられない気持ちで蛍光板に映った自分の骨を見つめた。

自分がもちうるすべての知識をかき集めても、この現象は容易に説明できるものではなかった。震《ふる》える手で何度も同じことをやってみたが、骨は例外なく映し出された。つまり、これは偶然《ぐうぜん》起きた現象ではないということだ。

「私は、人間が触《ふ》れてはいけないものに触れてしまったのではないか……」

レントゲンには、新しい現象を発見した喜びなどなかった。ただただ恐《おそ》ろしさをなんとかこらえようと必死だった。

「これを、人々はどのように受け止めるだろうか……。きっと信じてはもらえないだろう。こんな心《しん》霊術師《れいじゅつし》まがいの研究結果を発表したら、私の名声は一瞬《いっしゅん》にして崩《くず》れ落《お》ちる。科学界から永久に葬《ほうむ》り去《さ》られるだろう。家族にも悪評《あくひょう》が及《およ》ぶ。これは秘密にしたほうがいいかもしれない……」

レントゲンは青ざめた顔で実験室から出た。そして、その日見たものは誰にも教えてはいけないと心に誓《ちか》った。

だが、翌日《よくじつ》の朝を迎《むか》えると、レントゲンの心は昨日とはまるで違っていた。

「証拠《しょうこ》だ！　証拠さえあれば！」

レントゲンの気持ちはかたまった。たとえどんな悪評を浴《あ》びようが、真実を明らかにしたいという科学者としての矜持が勝ったのだ。

「誰もが納得する、完璧な証拠をつくろう」

レントゲンには、あるアイデアがあった。

「レナルトは、陰極線には写真の乾板を感光させる性質があることを発見している。この謎の線にも、ひょっとしたら同じ性質があるかもしれない」

レントゲンは、蛍光板のかわりに、写真の乾板をセットし、そこに骨の像を映し出そうと考えた。写真として記録できれば、完璧な証拠ができる。

さっそく実験装置を改良し、写真の乾板に向けて謎の線を当てた。クルックス管と写真の乾板の間には、天秤などで使う分銅の入った木箱を置いた。

写真を現像してみたところ、木箱の中の分銅の部分だけが黒く映った。つまり、この線が通らないものは影となって映し出されたのだ。

「思ったとおりだ。木箱の中の構造がすけて見える」

レントゲンは、実験室の中で一人喜びにひたった。さらには、自分の手をかざして謎の線を当てた。すると、骨の浮かび上がった写真が撮れた。

「これで証拠はそろった。あとは人々が納得してくれるかどうかだ……」

1895年12月22日の夕方――。町はクリスマスの雰囲気に包まれていた。

「ベルタ、実験室に来てくれないか？」

レントゲンが、突然《とつぜん》そう言って妻を呼《よ》び出《だ》した。

「えっ⁉　私が？」

実験室は自宅の１階にある。しかし、ベルタはもちろん、家の者は誰も近づいてはいけないという暗黙《あんもく》のルールがあった。実験室はレントゲンが隅々《すみずみ》まで完璧《かんぺき》に管理していたし、家族の誰もがその部屋には指一本たりとも触れてはいけないと理解していた。

それなのに、レントゲンのほうから呼び出してきたのだ。

いったい何をされるのかと、ベルタは緊張《きんちょう》していた。

「そこに座《すわ》って」

「はい……」

ベルタは肩《かた》をすぼめ、居心地《いごこち》悪そうに座った。

「私はこの7週間にわたる実験で、すごい発見をした。これを見てくれ……」

そう言ってレントゲンは、謎《なぞ》の線でとらえた写真をさしだした。分銅の影《かげ》の映った写真と、手の骨が浮《う》かび上《あ》がった写真である。レントゲンは、ベルタに分かるように、ひとしきり説明した。

しかし、ベルタは驚《おどろ》きもしなかった。その発見の価値がよく分からなかったのだ。ただ、夫のことが心配だった。

「とにかく、今あなたが説明してくれたことは、私にはまったく分かりません。でも、これだけは言えるわ。もし、その研究結果を発表したら、きっと人々は『レントゲンは変人だ』と言うんじゃないかしら」

もっともな意見だった。ただ、レントゲンにはその覚悟がすでにできていた。

「そんなことはかまわないんだ。でもね、今度の発見は、本当に驚くべきことなんだよ。だから、どちらにしろ私は、きちんと結果をまとめ、発表するつもりだよ」

「あなたは、そうするでしょうね」

ベルタはそう言って笑った。

「それより、キミの手の写真を撮《と》っていいかな？」

「手の写真？」

「そう」

「痛くないの？」

「痛くない。そこに手を置くだけでいい」

ベルタは言われたとおり、写真の乾板の上に手を置いた。

電気が流れる。何も感じない。15分ほどそのままにしていると、ベルタの左手の写真の撮影が終わった。

現像した写真の薬指には、ふくらんだ黒い影《かげ》が映っていた。結婚指輪だった。

それから6日後の12月28日、レントゲンは研究結果をまとめた論文「新しい種類の線について」を完成させた。

その論文の中で、レントゲンは謎《なぞ》の線のことを「X線《エックスせん》」と名づけた。数学の世界で「未知」を意味する「X」からとった名前だった。

完成した論文は印刷《いんさつ》され、翌年の1月1日、X線写真をそえて、あらゆる著名な科学者たちに送られた。

「大変なことになるぞ……」

レントゲンの胸には、達成感と不安が交錯《こうさく》していた。

——センセーショナルな大発見！

レントゲンの論文は、世界中の科学者に衝撃《しょうげき》を与《あた》えた。

科学者だけではない。数日のあいだに全世界の新聞で大々的に報じられ、瞬《またた》く間《ま》に一般《いっぱん》の人々にも知れ渡った。

多くの科学者はこの発見のすばらしさを理解し、レントゲンを称賛《しょうさん》した。しかし、一般の人々のあいだに、さまざまな誤解《ごかい》や妄想《もうそう》を生み出すことになった。

「神への冒瀆《ぼうとく》だ！」

「人々を死の恐怖《きょうふ》に陥《おとしい》れる！」

そんな非難《ひなん》もわきあがった。

レントゲンのもとには講演依頼が山のように舞い込み、わけのわからぬ訪問者が次々と押しかけた。

やがてレントゲンは、人を遠ざけるようになった。しかし、どうしても断れない依頼が二つあった。

「皇帝からの手紙だ……」

時のドイツ皇帝ウィルヘルム2世から、じきじきに祝電が届き、「X線についての講義をしてほしい」という依頼が記されていたのだ。かねてから科学に関心のあった皇帝は、X線のことを知りたがっていた。

「これは断れないな」

レントゲンは実験装置をたずさえて宮殿を訪れた。そして、皇帝一家を前に実験を行い、どのようにX線を発見したのかを講義した。

もう一つ、ヴュルツブルク大学物理医学協会主催の講演も断ることはできなかった。それは、学長としての責務だった。

1月23日、講演会場には学生や医者、軍人、政治家など、たくさんの人が詰めかけた。

無事に講演が終わると、会場は割れんばかりの拍手に包まれた。レントゲンがX線発見の講演を行ったのは、この時が最初で最後である。

1896年1月、ドイツ北部ハンブルクの大学病院外科病棟《びょうとう》――。

「先生、これを見てください！」

若い見習い医師が、レントゲンのX線発見の新聞記事を持って、外科医師キュンメル博士のもとに駆《か》け込《こ》んできた。

「どうした？」

記事を読んだキュンメルは目を丸くした。

「これは大変だ……」

キュンメルは、すぐに病院の医師たちを集め、緊急会議《きんきゅうかいぎ》を開いた。

「レントゲン博士の発見は、医学界に革命《かくめい》を起こします。つまり、体を手術することなく、X線で患《かん》者《じゃ》の体の中を見られるようになれば、より安全かつ正確に診断《しんだん》ができます」

「すぐに医学用X線装置を開発するべきですね」

「レントゲン博士のもとに相談に行こう！」

医師たちは興奮《こうふん》した様子で話し合った。

体の中にはいくつもの臓器《ぞうき》があり、血管や神経《しんけい》が隅々《すみずみ》まではりめぐらされている。これらのどこに異変《いへん》があるのかが分かれば、どんな病気にかかっているのかを正確に診断《しんだん》することができ、効果的に治療《ちりょう》することができる。しかし、それまでは診断のために体の中を見る方法はなかった。

体の中を見る手っ取り早い方法は、解剖《かいぼう》である。古代ローマのガレノスは動物を解剖し、16世紀のヴァサリウスは人体を解剖し、体内の構造をくわしく観察した。しかし、ガレノスやヴァサリウスが行ったことは、いずれも体の構造を理解するための解剖だった。

19世紀になると、病気の診断のために人体解剖が行われるようになった。しかし、この解剖も、あくまでも患者《かんじゃ》の死後に行われるもので、どんな病気があるのか分かったとしても、その患者を治療することには役立たないものだった。

「生きている患者の体の中を観察できればいいのに……」

それは、医学界の長年の夢だった。

そんな時、人体を解剖することなく、生きている人の体の中を見ることができるX線が発見されたのである。

医学用X線装置は、レントゲン自身も考えていたことだった。

「もちろん、協力しますよ」

キュンメル博士らの求めに応じて、レントゲンは装置の開発に全面的に協力した。

体の中を見るためには、たくさんの電流を流す必要がある。しかしそれでは、実験用のクルックス管が壊《こわ》れてしまう。改良が必要だった。

キュンメル博士らは、電気製品などをつくるミュラー社に働きかけ、医学用X線装置をつくることに成功した。

病院で使うX線写真（レントゲン写真）では、被験者《ひけんしゃ》がうしろに白いフィルムを置いた状態で立つ。人体に向けてX線を放つ。すると、X線が通りやすい皮膚《ひふ》や筋肉のある部分のフィルムは黒くなり、反対に、骨や金属などX線が通りにくい部分のフィルムは白いままとなる。当初は、患者は画像が撮影《さつえい》されるまで30分以上もじっとしている必要があった。

こうして開発された医学用X線は、さまざまな診断《しんだん》に用いられるようになった。

スコットランドのグラスゴーの病院では、レントゲンの論文発表から1年もたたないうちに、世界初の放射線科《ほうしゃせんか》が開設された。X線を使って、患者の腎臓結石《じんぞうけっせき》を診断したり、子どもの喉《のど》につまった硬貨《こうか》を見つけることもあった。

1901年、レントゲンは第1回ノーベル物理学賞の受賞者となった。高名な学者たちによる投票の結果、圧倒的《あっとうてき》多数でレントゲンが選ばれた。

レントゲンは受賞スピーチでこう述べた。

「科学者の研究とは、全人類の役に立つことを望んで行われることであります。私の研究が認められたことは、そうした科学者の研究活動に大きな勇気と希望を与《あた》えてくれるでしょう」

レントゲンは、ノーベル賞受賞の賞金を、すべてヴュルツブルク大学に寄付《きふ》し、これからの科学振興《しんこう》に役立ててもらうことにした。

レントゲンは自分の功績《こうせき》をことさら自慢《じまん》することもなく、つねに謙虚《けんきょ》な人物だった。

「X線は人々に広く自由に利用されるべきだ」

そう言って、あえてX線の特許《とっきょ》を取得しなかった。

その後、世界中でX線についての研究が進められ、X線の性質や活用方法が次々に発表された。

1900年初頭までには、決まった線量のX線を照射《しょうしゃ》すれば、がんや皮膚疾患《ひふしっかん》に対して有効であることが発見された。

一方、アメリカでは、発明家トーマス・エジソンのアシスタントとして、X線を活用して熱心に研究していたクラレンス・ダリーががんで亡《な》くなった。ダリーの死から、科学者たちはX線照射のリスクについても研究するようになった。

1914年、第一次世界大戦が始まると、ドイツ国内は食料が配給制となり、国民は飢餓《きが》すれすれの生活を強《し》いられた。レントゲンは、ドイツ国民の義務として、X線発見で得た財産を母国に差し出した。

これを受けて、ドイツと敵対《てきたい》する国では、レントゲンの名前が各学会の名誉会員簿《めいよかいいんぼ》から消された。それでもレントゲンにとっての救いは、X線が多くの戦傷者《せんしょうしゃ》の診断《しんだん》に役立ち、たくさんの人命が救われたことだった。兵隊の体内の弾丸《だんがん》や砲弾《ほうだん》の破片《はへん》の位置を特定するために、X線装置が活用されたのである。

1918年、ドイツは敗戦。翌年《よくとし》、妻ベルタが亡くなった。

大学からも身をひき、ひっそりと暮《く》らしていたレントゲンは、1923年2月10日、ドイツ・ミュンヘンの自宅で息をひきとった。77歳だった。

X線発見から100年以上がたった現在でも、医療現場《いりょうげんば》でX線撮影は日常的に活用されている。X線撮影は骨折や脱臼《だっきゅう》など整形外科の診断や、肺結核《はいけっかく》などの胸部内臓《きょうぶないぞう》の診断にその力を発揮《はっき》している。

X線が医療に使われ始めた当初、X線で診断できる臓器は限られていた。しかし、バリウムなどの造影剤《ぞうえいざい》を人体に投入することで、脳動脈《のうどうみゃく》を映し出したり、血管を映し出したり、胃がんの診断にも使われるなど、より広く応用できるようになった。

一方、CTスキャナーや磁気共鳴《じききょうめい》画像法（MRI）装置など、体の中を診断する新しい技術も生まれている。

レントゲンが切り開いた画像診断の技術は、今の医療に欠かせないものとなっているのだ。

科学の先駆者たち

偶然《ぐうぜん》がもたらした、奇跡《きせき》の薬

フレミング

「仕事をやめたいんだ」

フレミングがそう打ち明けると、兄のトムは突然《とつぜん》の言葉に耳を疑《うたが》った。

「なんでだ？　いい仕事じゃないか」

フレミングは、ロンドンの工芸学校を卒業後、商船会社に入社して事務の仕事についていた。うまくやっていたが、入社から4年がたち、このまま続けていいものか悩《なや》んでいた。彼は、もうすぐ20歳になろうとしていた。

「いまの仕事は面白くもないし、満足感も得られない。そう早く昇格《しょうかく》するチャンスがあるとも思えない」

「そうか……。それなら、お前も医者をめざしたらどうだ？」

兄のトムは、眼科医《がんかい》としてロンドンで開業していた。

「医者ならやりがいがあるぞ。お前にもあっていると思う」

「医者か……。でも僕には学校に通うお金がないからなぁ」

「ああ、言ってなかったな。おまえが21歳になったら、遺産《いさん》が受け取れることになってるんだ。それを元手に学校に通えばいい」

「そうだったのか……」

フレミングは兄の言葉を聞いて決断した。会社をやめて、医学校をめざすことにしたのである。

しかし、医学校に入るためには、いくつかの問題があった。

一度会社勤《づと》めをしているフレミングは、ほかの新入生よりも2、3歳年上であるうえ、医学校に入学するために必要とされる資格がなかったのだ。

そこでフレミングは、大学入学資格が認められるロンドン指導医師学校の資格検定を受験した。フレミングが学んだことのないラテン語などの試験科目があったが、彼はひるまず試験勉強に取り組み、見事に合格した。しかも、成績はどの科目もトップクラスだった。そして、12校あるロンドンの医学校の中から、もっとも新しいセント・メアリー病院医学校を選んだ。

こうして、フレミングは医学校の門をくぐった。50年以上にわたる彼の長い研究生活はここから始まった。

アレクサンダー・フレミングは、1881年8月6日、スコットランド南西部の自然豊かなエアシア地方の農家に生まれた。

フレミングがまだ幼い頃に父は亡《な》くなったが、兄や姉たちの助けのもと、のびのびと成長した。学校の成績はつねにトップだった。

フレミングは、特別勉強熱心というわけではなかったが、記憶力《きおくりょく》がよく、ものごとの要点をつかむのがうまかった。また、とても注意深くものごとを観察する性格で、自分の考えを正確に述べることができた。

10代半ばで兄のトムがいるロンドンに移り、工芸学校に通ってから、商船会社に入社した。しかし、事務仕事では彼の才能を発揮《はっき》することはできなかった。

こうして、彼は医学の世界に飛び込んだのである。

フレミングが入ったセント・メアリー病院は、ロンドンの病院の中では歴史の浅い病院だった。それだけに、伝統的《でんとうてき》な医学にこだわることなく、新しい医学を追求する雰囲気《ふんいき》があった。

たとえば、それまでは、手術を受ける患者は手術台に革紐《かわひも》でしばりつけられ、懸命《けんめい》に痛みに耐《た》えなければならなかったが、セント・メアリー病院では麻酔《ますい》を導入《どうにゅう》し、麻酔なしでは大きな手術は行わないようにしていた。

そんなセント・メアリー病院医学校に入学したフレミングは、ほかの新入生よりも2歳ほど年長であり、しかも田舎《いなか》から出てきた学生にくらべると、ロンドン生活にも慣れていた。精神的《せいしんてき》に余裕《よゆう》があり、落ち着いた新入生だった。

フレミングの試験での成績は、あいかわらず突出《とっしゅつ》していた。最初の学年末には化学と生物学の優秀賞をもらった。

「キミは、なんでそんなに点がとれるんだ？　毎晩勉強しているのかい？」

フレミングに次《つ》いでいつも成績が2番目の学生、パネットが尋《たず》ねた。

「いや、ほとんど家では勉強してないね。兄弟とゲームをして遊んでいるよ」

「ほんとかよ！　俺なんて、毎晩懸命《けんめい》に勉強しているのに。正直に言えよ」

だが、フレミングの言うことは本当だった。

フレミングは本を読んで覚えるときも、ページを爪《つめ》の先ではじきながら、ちらっと見ただけで要点を理解してしまう。そして、著者の間違いや矛盾《むじゅん》にさえも気づいてしまうのだった。

2年目になると、フレミングは人体解剖学《かいぼうがく》や生理学、有機化学などを学んだ。

当時の医学生は、中世の学生と同じように、解剖学をマスターしなければならなかった。若い学生たちにとっては、切《き》り刻《きざ》まれた死体が並んだ解剖実習室に入るだけでもおぞましい体験だった。

フレミングは、この解剖でさえも平気でこなし、解剖学優秀賞を獲得《かくとく》した。学生に指導する学生解剖実習指導員《しどういん》にも選ばれた。

「キミは手先も器用だし、すばらしい外科医になれるよ」

教員らにそうほめられ、フレミングもその気になった。当時、外科医になれるのは、エリート中のエリートとされていて、それが彼の自尊心《じそんしん》をくすぐった。

やがて、すべての科目を学び終えると、フレミングは臨床研修学生《りんしょうけんしゅうがくせい》として病院の現場に立ち、実際に患者《かんじゃ》を診《み》ることになった。

そこで初めて気づいたことがあった。

「ほとんどの患者の病気は、何らかの細菌性《さいきんせい》の感染症《かんせんしょう》なんだ。でも、どうやったら治療《ちりょう》できるんだろう」

教科書を思い起こしたが、治療法について読んだ記憶はなかった。

「結核菌《けっかくきん》やコレラ菌、ジフテリア菌など、病原菌の正体は突《つ》き止《と》められているけど、これといった治療法は確立されていないんだな」

目の前で診断《しんだん》をしていた医者が、患者にこう言った。

「ジフテリアにかかってますね」

「えっ!?　ジフテリアだって！　先生、どうしたらいいんですか？」

「あきらめるしかありません」

「お薬はないんですか？」

「ないですよ。残念ながら、いかなる有効な治療法もないんです。お帰りください」

患者は泣きながら帰っていった。

それを見ていたフレミングは、自分が悪いわけではないのに、なぜか悔《くや》しい思いにかられた。

「ほんとに患者は助けられないのか？　治療法はないのか？　病原菌がわかっているんだから、何かあるはずじゃないか」


「ライト先生が助手を探しているそうだよ」

「やめといたほうがいいよ。けっこう人変っていう噂《うわさ》だよ」

学生たちのそんな話が聞こえてきた。

アームロス・ライト教授は、病理学が専門で、セント・メアリー病院に着任したばかりの40代半ばの研究者だった。フレミングはライトの講義を受けたことがあったが、その話は印象深かった。

「細菌は人類の最大の敵《てき》だ。その撲滅《ぼくめつ》に向けて闘《たたか》わなければいけない！」

ライトは学生たちにそう熱く語っていた。

フレミングは外科医になるつもりだったが、ライトの影響《えいきょう》から、少しずつ細菌学にも興味をもち始めていた。

1906年、優秀な成績で臨床課程《りんしょうかてい》を無事に終えたフレミングは、そのまま病院を開業することもできたが、ロンドン大学の医学士と外科学士の資格をとるための勉強を続けることにした。

「ライト先生の助手になれば、給料ももらえるし、勉強の時間もとれる」

そう思ったフレミングは、ライトの研究部門のスタッフに加わることにした。

ライトは、セント・メアリー病院内の病理部と細菌部の2つの部門を担当するとともに、学生の指導にもあたっていた。

給料は十分とはいえなかったが、ライトにとって、それはどうでもいいことだった。

ライトは、「ワクチンには細菌の病気を予防するだけではなく、治療する効果もあるのではないか」ということを調べようとしていた。そして、セント・メアリー病院には、その研究を自由にやらせてもらえる環境があった。それはライトにとって、高い給料や名誉《めいよ》ある地位よりも大切なことだったのである。

フレミングは、ライトの病理部に加わった。そこには、8人ほどの若い大学卒業生と、外部からやってきた医者がいた。

ライトは、こうしたスタッフと一緒に研究し、新しい発見があれば、そのつど自由に討論《とうろん》した。昼は研究室でサンドイッチを食べたり、近くの大衆食堂《たいしゅうしょくどう》に行った。それから「ティー・パーティ」といって、お茶を飲みながら討論した。

討論は決まってライトがリードした。医学のみならず、哲学《てつがく》や道徳、園芸など、話題はさまざまだった。ライトはとても物知りで、7つの言語をあやつり、11ヵ国語を読むことができた。並はずれた記憶力をもち、聖書も暗唱《あんしょう》していた。討論において、そんな博識《はくしき》なライトにかなう者はいなかった。

「ティー・パーティ」が終わると、夕食までの間、研究に戻《もど》る。夕食のあとにも「真夜中のティー・パーティ」があり、ふたたび討論が繰《く》り広《ひろ》げられた。

全員が研究室を出るのは夜中の2時か3時で、翌朝《よくあさ》9時には時間厳守《じかんげんしゅ》で全員が集まった。

こんな忙《いそが》しい研究生活が続いたが、みな情熱をもって研究に取り組んでいた。

フレミングは口数が少なく、会話は決して得意ではなかったので、ライトのチームの中では目立たない存在だった。

しかし、フレミング自身はそんなことは気にならなかった。彼は温和でのんびりしていて、研究室のすべての活動をすすんで楽しんでいたので、誰からも人気があった。

「小さなフレム」

フレミングが仲間よりも小柄《こがら》だったこともあり、いつしか、そんなニックネームでかわいがられる存在となった。

あるとき、ライトが新しい実験のアイデアを披露《ひろう》した。ライトが話し終えると、それまでじっと聞いていたフレミングがぽつりと言った。

「それではうまくいきません」

フレミングの言葉に、みな、言葉を失った。まさかライトに反論する者がいるとは思わなかったのだ。ライトは眉《まゆ》をわずかに持ち上げて、聞き返した。

「なんだと？」

「それでは実験はうまくいきません」

フレミングはもう一度言った。

「そんなこと、やってみないと、分からないじゃないか！」

ライトが、めずらしく声を荒《あら》らげた。

「でも、うまくいきません」

「とにかくやってみろ！」

自信のあったアイデアを否定されたライトは、そう吐《は》き捨《す》てて部屋を出て行ってしまった。

フレミングと仲間たちは、ライトの言うとおりに実験してみた。2、3時間後、結果はフレミングの言ったとおりとなった。うまくいかなかったのだ。

「やっぱり、フレミングが正しかった」

実は、仲間たちは気づいていたのだ。フレミングが何か言うときは、その意見はいつも正しいことを。彼は、正しいと確信をもてたことしか言わない。しかもフレミングは、ライトに対しても臆《おく》することなく、自分が正しいと考えることを言えるのだった。

「そうか。フレミングが正しかったか。しかし、なんであいつは分かったんだ……」

実験結果を聞いたライトは、少しさみしそうに言った。

こんなことが何回も続いたが、いつもフレミングの考えが正しかった。

やがてスタッフはみな、ライトの判断《はんだん》よりも、フレミングの判断を信じるようになっていった。

当時、ライトの研究室でもっとも力を入れていたのは、「免疫《めんえき》」に関する研究だった。

免疫とは、体内に入ってきた細菌を弱らせる物質（抗体《こうたい》）が血液中にできることだと考えられていたが、では「抗体とは何なのか」「抗体はどのようにつくられ、どのようにはたらくのか」ということは分かっていなかった。

ライトの研究室では、病気の原因となる細菌を純粋培養《じゅんすいばいよう》し、ここから実験用ワクチンをつくった。

これを動物に注射したり、患者《かんじゃ》や自分たちに注射し、血液中の反応を測定《そくてい》した。

こうした研究を繰《く》り返《かえ》す中で、「血液中に抗体ができなくても、伝染病から人間が回復することがある」ということが分かってきていた。

「細菌とたたかっているのは、血液中の白血球かもしれない。顕微鏡《けんびきょう》で観察すると、炎症《えんしょう》を起こしている部分に血液中の白血球が集まる。抗体のない人間が伝染病から回復するときも、あれと同じようなことが起きてるんじゃないか」

ライトがそう言うと、あるスタッフが言った。

「白血球が細菌をのみこむということでしょうか？」

ロシア人の海洋生物学者メチニコフは、1882年、白血球が細菌をのみこむ様子を観察している。メチニコフは、細菌をのみこむ性質のある白血球を「食細胞《しょくさいぼう》」と命名した。ここから白血球の「食作用」が注目されるようになった。

「そうかもしれない。白血球の食作用について調べてみよう」

やがて、ライトの研究室では、食細胞がアメーバのように細菌に向かって進んでいき、それをのみこんで消化することを発見した。

「食作用こそが、人の体が伝染病《でんせんびょう》とたたかうはたらきだ。これこそが免疫のメカニズムかもしれない」

ライトはそう考えた。

「食細胞によってのみこまれた細菌の数を『食細胞指数』として数えてみよう」

やがて、食細胞指数の測定《そくてい》を終えたスタッフが報告した。

「感染《かんせん》しているときは食細胞指数が正常値よりも下がり、回復期では増えています。ワクチン接種後では、2、3日は食細胞指数は下がりますが、それから急速に正常値よりも増えています」

「そうか、ワクチンによって食作用が活発になるということだな。ワクチンは病気の予防だけでなく、病気の治療《ちりょう》にも使えるかもしれない」

こうしてライトは、ワクチン療法の効果を訴《うった》えるようになった。

病院には、新たにライトのための研究室と、ワクチン療法を受ける患者《かんじゃ》のための病棟《びょうとう》がつくられ、「予防接種部」と呼《よ》ばれた。

しかし、ワクチン療法の効果を証明する研究はなく、多くの医者や研究者からは疑《うたが》いの目が向けられていた。

フレミングは、何も言わず目の前の研究に取り組んだ。このときのフレミングには、なにが正しいのかはまだわからなかったからだ。


１９０８年、フレミングはロンドン大学の医学・外科学試験に合格した。翌年には、王立外科医師会員となるための試験にも合格した。

「フレミング君、王立外科医師会員になったんだってね。おめでとう！」

「ありがとうございます」

「それで、キミはこれからどうするのかね？」

ライトが聞いた。

「僕は先生のもとで研究を続けたいです。よろしいでしょうか？」

「何を言ってるんだ！　気は確かか？　キミは外科医として開業する資格もあるし、ロンドンの病院で外科医として働くこともできる。ここにいるより、ずっといい給料とすばらしい地位が待ってるんだぞ」

　ライトはあわてて言った。

「いいんです、それでも」

　フレミングは、いつものように言葉少なに答えた。

　実のところフレミングは、ライトと同じように、どんなにいい給料や地位よりも、日々、新しいことを発見する研究にこそ魅力《みりょく》を感じていたのである。

「そうか。それなら、これからも頼むよ。……それで、これからキミがやりたい研究はなんだね？」

「梅毒《ばいどく》の検査法です」

　フレミングは迷《まよ》わず答えた。

「梅毒の検査法？　たしか、ワッセルマンが検査法を確立していたと思うが」

「ええ。ですがワッセルマンの検査法では、大量の血液を必要とします。皮膚《ひふ》に突《つ》き刺《さ》して採取するような血液では足りず、患者には大きな負担《ふたん》になります。これを改善《かいぜん》したいのです」

「なるほど。面白い研究だ」

　まもなくフレミングは、2、3滴の血液で梅毒を検査できる微量《びりょう》検査法を考案した。これを論文で発表すると、フレミングのもとにはたくさんの検査の依頼が舞《ま》い込《こ》むようになった。

　一方、1910年、ドイツのパウル・エールリッヒと日本の秦佐《はたさ》八郎《はちろう》が、梅毒に対する治療効果がある薬として「サルバルサン」を開発した。この薬を投与すると、体内に存在する梅毒の病原体、梅毒トレポネーマの数が著《いちじる》しく減少することが、実験により示されていた。サルバルサンはさまざまな物質を合成してつくった世界最初の化学療法剤《かがくりょうほうざい》とされ、「奇跡《きせき》の薬」と呼《よ》ばれた。

「……これが梅毒の治療薬か」

フレミングが、送られてきたサルバルサンを患者《かんじゃ》に注射してみると、梅毒の症状《しょうじょう》はすっかりきれいになくなった。

「これはすばらしい。副作用のリスクが指摘《してき》されているが、使い方さえ慎重《しんちょう》にやれば問題ない」

フレミングは、この結果を1911年に論文にして発表した。

フレミングは梅毒治療の専門家としてますます名声が高まり、たくさんの患者が押《お》し寄《よ》せるようになった。

1914年、第一次世界大戦が始まり、イギリスの兵が戦場に送り込まれると、医師たちも軍医としてそれに同行することになった。フレミングたちも、例外ではなかった。

「これより、フランスのブローニュへ行く。イギリス陸軍病院の細菌研究施設で負傷兵《ふしょうへい》を治療する。同時に細菌の研究も行おう」

ライトはそう言うと、フレミングたちを率《ひき》いて現地に向かった。

研究施設に着くなり、次々と負傷兵が運び込まれてきた。彼らは、ガス壊疽《えそ》や破傷風菌《はしょうふうきん》など、多くの感染症におかされていた。

とくにガス壊疽は恐《おそ》ろしい病気で、傷口《きずぐち》の組織が壊死《えし》し、それが驚《おどろ》くほどの速さで全身の筋肉に広がり、ガスでふくれあがり、壊死する。壊死した手足をすみやかに切断すれば命は助かることもあったが、少しでも遅《おく》れれば死はまぬがれなかった。

「なぜ負傷兵は感染症にかかるのか？　どうしたら防げるのか？」

ライトたちは治療をしながら、この大きな課題に直面した。

「感染源が分からないことには始まらない。フレミング君、調べてくれないか？」

「はい、分かりました」

フレミングは感染源の特定を急いだ。

感染症にかかった負傷兵や感染症で亡《な》くなった兵士を見ると、みな衣服が汚れていた。そこに原因があると考えたフレミングは、彼らの衣服のサンプルをとって、顕微鏡《けんびきょう》で調べてみた。すると、そこから多くの感染症の病原菌が見つかった。

「そうか。感染源は汚れた衣服か……。兵士の汚れた衣類の病原菌が、銃弾《じゅうだん》の破片《はへん》によってできた傷口から体内に入り、感染が起きるんだ」

これを報告すると、ライトは言った。

「戦場での治療では、傷口を殺菌剤《さっきんざい》で洗浄《せんじょう》するか、殺菌剤をひたしたガーゼをつめている。それによって傷口の細菌は死滅《しめつ》するはずだが、それでもなお細菌におかされるのはなぜだろう？」

「殺菌剤には副作用があるのかもしれません」

「つまり、殺菌剤は細菌を殺すが、人体にも悪影響《あくえいきょう》があるということだな。もしそうなら、殺菌剤の使い方を改めなければいけない」

「僕が調べてみます」

「頼んだぞ」

フレミングは、負傷兵の傷口で何が起きているのかを確認する必要があると考えた。

そこでまず、兵士の傷口から出たばかりの血液をとり、顕微鏡で観察した。

「食細胞が活発に活動し、細菌をのみこんでいる。ということは、病気にならないように免疫機能《めんえききのう》がきちんとはたらいているということだ」

次に、殺菌剤を使用したあとの傷口からとった血液を観察した。すると、まるで違う光景が広がっていた。食細胞の数が極端《きょくたん》に減り、それもほとんど死にかけていたのだ。

「そうか！　殺菌剤で傷口を洗うと、食細胞が殺されてしまうんだ。反対に殺さなくてはならない細菌の活動は活発になり、かえって増殖することになるんだ」

フレミングは、この研究結果をすぐにまとめて発表した。

だが、多くの医者たちはこの説を信じなかった。むしろ医者たちは、「それなら、もっと強力な殺菌剤を使えばいい」と批判《ひはん》したのである。

フレミングは、それにめげることなく、さらにこの研究をすすめた。

「試験管の中では数分で細菌を殺す殺菌剤が、なぜ傷の中では細菌を殺せないのだろう？　きっと、傷そのものに何か秘密があるはずだ」

フレミングは、殺菌剤を投与《とうよ》したときの傷口の様子を観察した。

細菌は、傷の奥深《おくふか》くで増殖《ぞうしょく》する。しかし、傷口の表面に注がれた殺菌剤は吸収《きゅうしゅう》されることなく、細菌のいる傷の奥深くに到達《とうたつ》することはなかった。

「そうか。殺菌剤が細菌を殺せないのは、細菌がいるところまで届《とど》いていなかったからか。これでは、殺菌剤は食細胞を殺してしまうだけだ。細菌は生き残り、ますます増える。すぐに殺菌剤の使用法を改めないと」

このフレミングの実験結果を聞いたライトは、軍医たちに訴《うった》えた。

「負傷した兵士の治療法を今すぐ見直してください。食細胞を殺してしまう殺菌剤の使用をやめて、かわりに、滅菌生理食塩水《めっきんせいりしょくえんすい》で傷口を洗浄《せんじょう》してください。生理食塩水なら食細胞を殺しません」

ライトと一緒に働いていた人たちは、すぐにこの意見を受け入れたが、そのほかの軍医たちは殺菌剤を使用し続けた。殺菌剤の弊害《へいがい》を信じなかったのだ。

戦争は終わった。

1919年、フレミングはセント・メアリー病院の予防接種部に復帰した。

戦時中の軍医としての体験は、細菌感染症の恐《おそ》ろしさと悲惨《ひさん》さを思い知らされるものとなったが、この時代には幸運も訪れていた。ロンドンの住まいの近くで働いていた看護師のサリーと知り合い、結婚したのである。

研究室に戻《もど》ったフレミングは、ライトのもとを離れ、自らの研究を行うことになった。研究テーマははっきりしていた。

「感染症を治療する薬を開発しよう」

戦場で感染症にかかった兵士を救えなかった。その悔《くや》しさは、フレミングの心の奥底《おくそこ》までしみついて、消えることはなかった。

「この悔しさは、薬を開発することでしか消えない」

フレミングはそう思った。

―１９２１年――。

フレミングのもとにはアリソンという助手がついた。

アリソンは、毎日の仕事が終わると、実験台をきれいに片づける習慣があった。古くなった試験管やシャーレの中身は捨てて洗い、翌日の実験のためにすべてのものを整頓《せいとん》する。

「そんなにきれいに片づけなくてもいいよ」

フレミングはアリソンにそう言った。

「でも、僕がなにもしなければ、実験台はシャーレであふれてしまいますよ」

アリソンは肩《かた》をすくめた。

フレミングは、実験台が片づいていなくても平気だった。アリソンがいなければ、2、3週間はそのまま放置しただろう。

フレミングは、シャーレの中身を捨てるときは、何か変わったことがないか、一つひとつ調べてから捨てた。

「まったく、時間のかかる人ですね」

アリソンはそう言って笑った。

ある晩、フレミングはシャーレを手にして、長いこと眺《なが》めていた。

「早く捨てましょうよ」

アリソンがせかすと、フレミングは首を振《ふ》って言った。

「これはおもしろい!」

それは2週間前、フレミングが風邪《かぜ》をひいていたとき、くしゃみをした拍子《ひょうし》に鼻水がついてしまった細菌の培養液《ばいようえき》だった。

「鼻の粘液《ねんえき》がついた周辺を見てみなさい。ここだけ細菌のコロニーができていない」

「ほんとだ! 細菌を溶《と》かしているように見えますね」

フレミングは、嬉《うれ》しそうに何かを考えている。

「鼻の粘液には、細菌の増殖《ぞうしょく》を抑《おさ》えるはたらきがあるんだな。このはたらきは鼻の粘液だけに特有なものなのか、調べる必要がありそうだ」

早速、フレミングは体から出るさまざまな分泌物《ぶんぴつぶつ》について調べた。

すると、鼻の粘液だけではなく、涙《なみだ》や痰《たん》、唾液《だえき》、血清《けっせい》、血漿《けっしょう》、腹水《ふくすい》、胸水《きょうすい》、膿《うみ》などにも細菌の増殖《しょく》を抑《おさ》えるはたらきがあることがわかった。さらに、のちの実験で、これらの体液には、細菌を溶かすことで殺すはたらき（溶菌作用《ようきんさよう》）があることも確認された。

「きっと、これらの体液の中には、溶菌作用を持つ何らかの物質が含《ふく》まれているのだろう」

フレミングが発見したこの未知の物質は、「溶かす」の意味を持つＬｙｓｉｓと「酵素《こうそ》」を意味するｅｎｚｙｍｅを合わせて、「リゾチーム」と呼《よ》ばれるようになった。

「……ですから、これら体から出る分泌物のすべてに溶菌《ようきん》作用があるのです」

さっそくフレミングは、新しく発見したリゾチームを医学研究会で発表したが、出席者の反応は冷たいものだった。フレミングの話はユーモアもなく、しばしば聞き取りにくかったため、この大発見の重要性がきちんと伝わらなかったのである。

しかし、本人はそんなことはまったく気にしていなかった。

「この発見は、細菌感染症治療のための大きな第一歩になるぞ。まずは、リゾチームのはたらきを解明しよう」

フレミングの研究意欲は高まるばかりだった。

「先生。これまで涙や痰、唾液などは、体の表面の細菌を洗い流すことで除去《じょきょ》するのではないかと考えられていましたが、そうではないということですね？」

アリソンが言った。

「もちろん、洗い流す作用もあるだろう。だが、それだけではない。そこにリゾチームが存在し、菌の増殖を抑えることで、細菌の感染《かんせん》から体を防御《ぼうぎょ》しているのだ。しかし、それは完璧《かんぺき》ではない。中には、リゾチームでも殺菌できない細菌もある」

「リゾチームで殺菌できない細菌が体内に入り込んで、病気を引き起こすのですね」

「そうだね。リゾチームでも殺菌できない細菌、それを我々《われわれ》は『病原性をもつ細菌』とみなしているわけだよ」

アリソンは「なるほど」と納得した。

「それで、アリソン君にお願いがある。涙を集めてほしいんだ。できるだけたくさんの涙をね」

「なぜです？」

「リゾチームを解明するには、リゾチームがたくさん必要だろう？　それには、涙が手っ取り早い」

アリソンはあらゆる助手や研究員に声をかけ、できるだけたくさんの涙を集めた。それだけでは十分ではなかったので、突然《とつぜん》やってきた訪問客にも、「研究のため」と言って、眼《め》に2、3滴《てき》のレモン汁を落として、涙を流させた。

そのかたわらで、あるときフレミングが叫《さけ》んだ。

「これは、大発見だぞ！」

「どうしたんですか？」

「卵白にも、強い溶菌活性《ようきんかっせい》のはたらきがあるようだ」

「ほんとですか？　ということは……」

「ああ。もう涙を流す必要はないよ。これからは、卵白でリゾチームの実験ができるからね」

「よかったぁ……。もう涙もかれていたところでしたよ」

アリソンは目をこすりながら、ほっとした表情を浮《う》かべた。

卵白というリゾチームの実験材料が十分に確保できたことで、研究は一気に加速した。フレミングは、次々と新事実を明らかにしていった。

――リゾチームに分解される種類の細菌も、リゾチームに耐《た》える力をもつことができる。つまり、大昔には人間に害《がい》のなかった細菌が、現在は病原性のある細菌に変化している可能性がある。

――リゾチームの純度《じゅんど》を高めると、ふつうでは分解できない細菌を分解できる。

こんな発見を積み重ねながら、フレミングはふと思った。

「……そうか。リゾチームにその可能性があるかもしれない」

「先生、何か言いましたか？」

「いや、これは戦時中のことなんだけどね……」

フレミングは、アリソンに語り始めた。

「負傷兵《ふしょうへい》の傷口を化学殺菌剤で洗っていたんだ。しかし、かえって体内の細菌が増殖《ぞうしょく》し、感染症《かんせんしょう》になってしまった。そこで化学殺菌剤にかわるものがないかと探していたんだが、リゾチームがそれではないかと思ってね」

「リゾチームが天然の殺菌剤になるということですね」

「うむ」

「そのことを確かめられれば、すごい発見ですよ！　でも、どうやって調べたらいいんでしょうか？」

アリソンにはまったく見当がつかなかった。

「血液中の食細胞が細菌をのみこむ。これが体の免疫機能《めんえききのう》だね」

「ええ」

「ところが、殺菌剤を使用すると食細胞はほとんど死んでしまう。これが問題だったわけだ」

「はぁ……」

「では、殺菌剤のかわりにリゾチームを使用したとき、食細胞はどうなるかを見ればいい」

「なるほど。そういうことか」

調べてみたところ、もっとも純度の高いリゾチームを使用した時でも、食細胞にはなんの変化もなかった。

さらに、食細胞自身がリゾチームをもっていることも分かった。つまり、食細胞が細菌を消化するときに大事な役割を果たしていたのが、リゾチームだったのだ。

「やはり、リゾチーム自身が殺菌剤なんだ。しかも、生きた細胞や組織にはほとんど害のない、天然の殺菌剤だ」

フレミングはそう確信した。

ただし、実用化するには問題があった。卵白でつくったリゾチームを感染症の患者に投与《とうよ》すると、アレルギー反応を起こすリスクがあったのだ。

「卵白からほかのタンパク質を取《と》り除《のぞ》いて、リゾチームを精製《せいせい》できれば、実用化できそうだが……この研究室の設備では、限界があるな」

残念ながら、フレミングのリゾチームの研究はここまでとなった。

「私も、もう65歳だ。あとはキミにまかせるよ」

1926年、恩師《おんし》のライトが大学を去った。

フレミングはライトのあとを継《つ》いで、細菌学の研究をリードする立場に立たされた。

かつてライトの研究室のスタッフは徹夜《てつや》で研究をしたものだったが、それはもう昔の話だ。フレミングたち若い研究者は、夕方5時には研究を切り上げ、街に出てお茶を飲んだり、お酒を飲んだりして、夜8時には家族のもとへ帰っていった。

フレミングの研究室はつねに落ち着いていて、結果を求めて焦《あせ》るようなことはなかった。たんたんとした研究生活が続き、その日もいつもと変わらない1日が始まると思われていた。1928年9月のある朝のことである。

その日は、フレミングが1ヵ月の休暇《きゅうか》から戻《もど》った日だった。

研究室の流しには、休暇前に使ったシャーレが積まれたままになっていた。フレミングは、ひとまずその古いシャーレを片づけることにした。どのシャーレも培養中《ばいようちゅう》のブドウ球菌《きゅうきん》（病原性の細菌の一種）でおおわれていた。

いつものように、一つひとつ眺《なが》めては捨てていると、あるシャーレの中に異変を見つけた。

「うむ。これはおもしろい……」

フレミングはシャーレに目を近づけ、注意深く観察した。隅《すみ》のほうにカビのような物質がついていて、そのカビの周りは透明《とうめい》になっていた。

「カビが細菌の発育をおさえている……。細菌を溶かしているんだな」

それが大発見の発端《ほったん》だった。フレミングにはすでにその予感があったが、いつものように冷静にふるまった。

「みんな、見てくれ」

フレミングはカビの生えたシャーレを研究員に見せてまわった。

「どう思う？」

みな、とまどったようにシャーレを見つめている。

「カビがつくった新しいリゾチームでしょうか？」

アリソンが自信なさそうに言うと、フレミングは小さく首を振《ふ》った。

「私もそう思ったが、このカビはリゾチームとは違う。細菌を殺す作用のあるカビだ」

助手たちはフレミングの言うことは理解したものの、事の重大性はまだ認識していなかった。一方のフレミングはすでに、このカビが感染症の治療薬になるだろうと見通しを立てていた。それが実現すれば、医療に革命をもたらすことになる。

「このカビを培養し、抗菌性《こうきんせい》があるかどうか確かめてみよう」

フレミングは、自ら白金耳《はっきんじ》（微生物などを採取する道具）でカビを少しとって、試験管で培養した。

こうしてできた「カビの汁」を調べてみると、やはりこのカビには多くの病原性の細菌の発育をおさえるはたらきがあることが分かった。その病原菌とは、ブドウ球菌や肺炎《はいえん》球菌、ジフテリア菌などである。しかし、チフス菌や大腸菌群の細菌、インフルエンザ菌をおさえることはできなかった。

また、「カビの汁」は、実際に治療薬として使うには限界があることがわかった。細菌を殺すまでに、とても長い時間がかかるからだ。血液や血清《けっせい》がにじむような傷口では、そのはたらきが失われてしまうことも分かった。

しかし、フレミングはこの「カビの汁」の可能性をあきらめなかった。

「このカビは、いったい何なのか。はっきりさせる必要がある」

そこで、カビを専門とする学者のラ・トーシュに依頼《いらい》し、カビの種類を特定してもらうことにした。まもなく、ラ・トーシュはカビの特定に成功し、フレミングに報告した。

「これは、ペニシリウム属の一つですね」

「ペニシリウムですか……」

これ以降、フレミングはこのカビのことを「ペニシリン」と呼《よ》ぶことにした。

1929年2月、フレミングは医学研究会において、ペニシリンの発見についての講演を行った。しかし今度も、リゾチームの時と同じように、出席者の反応は冷たかった。

同年5月、ペニシリンに関する論文も発表したが、これといった反響《はんきょう》は得られなかった。しかし現在では、この論文は医学史上でもっとも重要な論文の一つとされている。


「なんとかして、このペニシリンを治療薬として実用化できないか……」

フレミングはさまざまな実験を行ったが、思うような結果は得られなかった。それは細菌学者としての限界でもあった。ペニシリンを効果的な治療薬に改良するには、どちらかというと、化学者の知識や技術が必要だったのである。


その年、フレミングのペニシリンの論文をたまたま読んだ学者がいた。ロンドン大学の生化学者、ハワード・レイストリックだ。

カビの研究をしていたレイストリックは、さっそくペニシリンを研究リストに加えた。ただし、ペニシリンを治療薬にしたかったわけではなく、研究の対象に加えただけだった。

フレミングはレイストリックの求めに応じて、喜んでペニシリンを提供《ていきょう》した。

レイストリックは、ペニシリンを精製《せいせい》しようとした。つまり、より純度の高いペニシリンにしようとしたのだ。ところが、途中《とちゅう》で壊《こわ》れてしまって、うまくいかなかった。

「こんなことは初めてだ。ペニシリンは、構造《こうぞう》が不安定すぎるんだ」

レイストリックは何度かペニシリンの精製にチャレンジしたが、それ以上深追いすることはなかった。彼の研究目的は、そこにはなかったからだ。

「残念だけど、ここで打ち切りにしよう」

ペニシリンは、化学者でさえ扱《あつか》いの難しい物質だった。これ以降、ペニシリンの存在は科学界から完全に葬《ほうむ》り去られてしまった。

フレミングでさえ、思い出すこともなくなったのである。

「リゾチームのほかにも、自然界には殺菌作用をもつ物質があるんじゃないか？」

「僕もそう思います。文献《ぶんけん》をあたってみましょうか？」

「そうだな」

１９３０年代後半、オックスフォード大学の病理学の研究室では、二人の若い研究者が新たな研究を始めようとしていた。

一人は、教授のポストについたばかりの、オーストラリア生まれの病理学者ハワード・フローリー。もう一人は、研究室のスタッフに選ばれた、ドイツ生まれの生化学者エルンスト・チェインだ。

フローリーとチェインは、フレミングが発見したリゾチームに関する研究を進めていたが、「リゾチームのほかにも、自然界には抗菌性《こうきんせい》のある物質があるのではないか」と考えるようになっていた。

二人は、細菌の発育をおさえる菌類や酵母《こうぼ》などに関する論文を200ほど集めた。その中に、フレミングが1929年に発表したペニシリンの論文もあった。

「フレミングは、細菌を殺す作用をもつカビも発見していたのか。それも、リゾチーム発見のあとに……」

チェインはペニシリンに興味をもった。

最終的に二人は、3つの物質を選び、研究することにした。その中には、当然ながらペニシリンも含《ふく》まれていた。

ペニシリンを担当したのは、チェインだった。

研究を始めてわかったことは、ペニシリンはとても壊れやすく、研究に時間がかかるということだった。

「でも、ペニシリンはおもしろい物質ですよ。失敗も多いけど、なにかワクワクさせる魅力《みりょく》があるんです」

「そうか。それで、治療薬になる可能性は？」

「僕は十分あると思いますよ」

すると、フローリーもいつしかペニシリンの研究に加わるようになった。

その頃、世の中はふたたび戦争に突入《とつにゅう》していた。１９３９年９月に始まった第二次世界大戦だ。この戦争をきっかけに、戦場で負傷兵《ふしょうへい》に使う安全な治療薬が求められていた。

「ペニシリンが治療薬になれば、多くの命が救われるのに」

フローリーとチェインはペニシリンの実用化に向けて研究を加速させた。

１９４０年に入り、ペニシリンの精製《せいせい》を試みた。ペニシリンに含《ふく》まれる不純物《ふじゅんぶつ》を取り除き、純度の高いペニシリンを作る作業だ。

「かつて、レイストリックがペニシリンの精製をやろうとしていますが、途中《とちゅう》で断念《だんねん》していますね」

チェインは言った。

「ふつうにやってもダメということだな……。それなら、凍結乾燥《とうけつかんそう》させてみたらどうかな？」

「いいアイデアですね。やってみましょう」

このアイデアは、見事成功した。二人は困難と思われたペニシリンの精製に成功したのである。

「やった、成功だ！」

「これなら、大量のペニシリンがつくれる」

「研究用のペニシリンだけでなく、治療薬として十分な量を生産できそうですね」

精製して粉末にしたペニシリンを、さまざまな動物に投与《とうよ》してみた。すると、何の悪影響《あくえいきょう》もないことが分かった。

「これはすごいぞ！　ペニシリンには、ほとんど毒性がないんだ」

実験はさらに重要な段階に入った。

ペニシリンは、試験管内では細菌を殺すのに4時間以上かかる。しかし、動物の体内に投与しても2時間で排泄《はいせつ》されてしまう。ということは、ペニシリンを動物に1回投与するだけでは細菌に効かないということだ。

どのように投与すれば効果があるのかを見つけるため、二人は細菌に感染させた多数のマウスを用意し、ペニシリンの量や投与間隔《とうよかんかく》をさまざまなパターンで試してみた。

その結果、ペニシリンを少量ずつ頻繁《ひんぱん》に2～4日間以上投与すると、最良の結果が得られることが分かった。この治療をほどこしたマウスは完全に元気でいたのだ。

「奇跡だ！」

二人は踊《おど》り出《だ》さんばかりに喜んだ。

動物を使った実験で、ペニシリンの治療効果が確認されたのは、これが初めてのことだった。

次にいよいよ、人間の患者で治療を行うことになった。

「人間を治療するには、どれくらいのペニシリンが必要だろう？」

「そうですね……マウス1匹の投与量の3000倍といったところでしょうか」

「3000倍か……その量を研究室でつくるのは不可能だな」

ペニシリンの実用化には、まだまだハードルがあった。

人間の患者《かんじゃ》で治験《ちけん》を行うためには、大量のペニシリンを作る必要があったのだ。

フローリーは製薬会社に協力を求めたが、どの会社も興味を示さなかった。当時の製薬会社は、戦争のためのワクチンや抗毒薬《こうどくやく》、血清《けっせい》などを製造《せいぞう》するのに精一杯《せいいっぱい》だったからだ。

「人間の患者でペニシリンの有効性《ゆうこうせい》を証明しないと、製薬会社はペニシリンの生産を行わない。だが、製薬会社がペニシリンの生産を行わないと、人間の患者で治験ができない」

二人はジレンマにおちいった。

「戦争がなければなぁ……」

チェインは肩《かた》を落とした。

１９４０年８月24日、フローリーが行ったオックスフォード大学でのペニシリンの動物実験の結果が「ランセット」誌に発表された。

すると９月２日、その記事を読んだという人物が研究室に現れた。ハリのあるスーツに蝶《ちょう》ネクタイ姿《すがた》という、落ち着いた様子の英国紳士《えいこくしんし》だ。

「……フレミング教授！」

フローリーはすぐに、それが有名な科学者だと気づいた。

「ペニシリンの発見者と、こうして会えるなんて……」

二人は目を輝かせて、フレミングと握手《あくしゅ》した。

「あなた方がペニシリンで何をやっているのか、見に来たよ」

フレミングはそう言って、研究室に入っていった。

フローリーとチェインは、それまでの研究について細部まで説明した。フレミングはいつものように顔色ひとつ変えず、しかしとても熱心に聞いた。フレミングは、彼らの研究が間違っていないことがすぐに分かったので、ほとんど質問することさえなかった。

「自分が発見したものを、あなたたちが先に進めてくれてうれしいよ。これまで、いろいろな人たちがペニシリンの精製《せいせい》に挑戦《ちょうせん》してきたが、みな断念してきた。しかし、最後にあなたたちが治療薬としての可能性を見出してくれた」

フレミングは静かにそう言って、二人を称《たた》えた。

フローリーはお礼に、精製《せいせい》に成功した最高のペニシリンを贈《おく》った。

「ありがとう」

そう言うと、フレミングは去っていった。

フレミングの訪問は、二人に新たな活力を与《あた》えることになった。

「製薬会社には頼れない。こうなったら、大学を工場にするしかないな」

フローリーが言った。

「大学を？　そんなことをして失敗したら、大学がつぶれてしまいますよ」

チェインは反対したが、フローリーは折れなかった。

「でも、それしか方法がないんだよ。責任は私がとる」

「……そこまで言うのなら、やりましょう」

１９４０年の暮れ、その無謀《むぼう》ともいえる試みが始まった。大学の資金を使い、職員を雇《やと》い、設備を整え、ペニシリンを製造するというのだ。失敗すれば大学が破産するリスクがあった。

「数ヵ月以内に５、６人の患者《かんじゃ》に投与できるペニシリンを作るには、週に５００リットルのカビ培養《ばいよう》液《えき》が必要です」

「わかった。まずは、カビを大量につくらないと」

カビの培養には、陶器《とうき》を使うと効率《こうりつ》がいいことが分かった。そこで、遠くの陶器製造業者に頼んで、６００個の陶器製のフラスコを作ってもらった。

その大量のフラスコは、借りてきた車で彼らが直接受け取りに向かった。クリスマスの２日前のことだ。

翌日、「ペニシリン・ガール」と呼《よ》ばれる６人の女性スタッフがやってきた。彼女たちは、カビの胞子《ほうし》をペンキ用スプレーでフラスコに散布《さんぷ》するのが仕事だった。

カビを散布したフラスコは、一定の温度に保った研究室に保管する。２週間かけてカビを培養《ばいよう》してできたカビ培養液からペニシリンを抽出《ちゅうしゅつ》した。

こうして１９４１年１月はじめには、臨床試験《りんしょうしけん》を行うのに十分な量のペニシリンが集まった。しかも、以前よりも20倍も強力なペニシリンができていた。

臨床試験はラドクリフ病院で行われた。

まず、健康な人にペニシリンを投与《とうよ》した。だが、ペニシリンは投与されてもすぐに尿《にょう》と一緒に排《はい》泄《せつ》されてしまった。

「血液中のペニシリンの濃度《のうど》を保つには、その濃度を維持《いじ》できる早さで、定期的に血液中にペニシリンを送り込む必要がある」

フローリーはそう考えた。また、この臨床試験により、細菌を殺すのに必要な血液中のペニシリンの濃度も分かった。

いよいよ、細菌に感染した患者の治療を試みることになった。

１９４１年２月12日、細菌に感染して敗血病《はいけつびょう》を発症《はっしょう》した患者にペニシリンが投与された。

最初に２００ミリグラム、それから３時間おきに１００ミリグラムずつ投与した。すると24時間もたたないうちに症状は劇的《げきてき》なまでに改善《かいぜん》し、体温は平熱まで下がり、食欲も戻《もど》ってきた。

しかし、ペニシリンの供給《きょうきゅう》には限りがあったので、そこで治療は中断せざるをえなかった。

２月22日、２人目の敗血病の患者に、同じようにペニシリンを３時間おきに１００ミリグラムずつ投与すると、この患者も劇的に症状が改善し、完全に回復した。

しかし、この試験が終わったとき、ペニシリンはもう残っていなかった。

その頃、１人目の患者の症状がふたたび悪化したが、何もしてやることができなかった。その患者は３月15日に亡《な》くなった。

「ペニシリンがあれば、彼の命は救えたのに……」

治験を担当した医師フレッチャーは、そうつぶやいた。

「ペニシリンは奇跡《きせき》ともいえる改善をもたらす。この薬があれば、救える命はたくさんあるはずだ」

治験に立ち会った医師たちは、ペニシリンの効果を実感した。

その後、フローリーたちはペニシリンを再生産しては治験を繰《く》り返《かえ》し、それらの症例《しょうれい》を検討《けんとう》した。

そして、「もはやペニシリンのもつ治療上の驚異《きょうい》的な可能性には何の疑問《ぎもん》もない」という結論に至《いた》った。

この一連の研究結果をまとめた論文が発表されると、医学界はペニシリンの効果をはっきりと認めるようになった。


とはいえ、依然《いぜん》として問題は、ペニシリンを大量に作る環境《かんきょう》がないことだった。

「戦争で荒廃《こうはい》したイギリスの製薬会社は動きがとれない。こうなったら、アメリカの製薬会社にはたらきかけよう」

フローリーはそう考えた。

そんなとき、フローリーのもとに1本の電話が入った。

「病院で必要なんだがね、ペニシリンを分けてくれないか？」

「ペニシリンはわずかしか残っていないので、できません」

「そうか。残念だ」

「ところで、どなたですか？」

「フレミングです」

「えっ！　フレミング教授!?　いや、失礼。フレミング教授なら、喜んで提供《ていきょう》しますよ。残りのものをすべてお譲《ゆず》りします」

「そうか。では、頼む」

フレミングは、自分の患者《かんじゃ》にペニシリンを試そうとしていた。

1942年8月、フレミングは、セント・メアリー病院に入院していた患者にペニシリンを投与した。患者は重い症状で、細菌のレンサ球菌が脳脊髄《のうせきずい》まで入りこんでいた。

ペニシリンを患者の脊髄内に注射し続けると、すぐに劇的《げきてき》な改善がみられた。患者の症状はすべて消え、完全に治ったのだ。

「なんということだ！」

フレミングがペニシリンの実際の効果を目の当たりにしたのは、この時が初めてだった。

これ以降、フレミングはペニシリンの生産を後押しするよう、政府にはたらきかけるなど、自ら行動を起こすようになった。

アメリカでは、3つの製薬会社がペニシリンの生産を行うことになった。するとまもなく、多くの患者が絶望的な病気から回復した。

——奇跡《きせき》の薬で死から脱出《だっしゅつ》!

新聞には、度々そんな見出しがおどった。

それらの記事のほとんどで、ペニシリンの発見者であるフレミングへの感謝が述べられていた。

ペニシリンは戦場でも投与《とうよ》されるようになった。ペニシリンが導入《どうにゅう》されて以降、胸部に傷《きず》を負った兵士の死亡率は、それまでの約3分の2に減少した。

こうした功績が認められ、1945年、フレミングは、フローリーとチェインとともに、ノーベル生理学・医学賞を受賞した。

フレミングは受賞スピーチで、いつものようにたんたんとした調子でこう述べた。

「ペニシリンの発見は偶発的《ぐうはつてき》な観察から始まりました。私の手柄《てがら》は、そのまま観察を続けたことだけなのです」

フレミングのペニシリンの発見と治療薬としての成功は、近代医薬を変革《へんかく》させた。細菌の増殖《ぞうしょく》を効果的におさえ、感染症《かんせんしょう》を完治させられる「抗生物質《こうせいぶっしつ》の時代」をもたらしたのである。

ペニシリンをきっかけに、自然界から新しい抗生物質を探す取り組みが広がった。結核《けっかく》に有効なストレプトマイシンや、コレラなどの治療に用いられるクロラムフェニコールなど、次々と新しい抗生物質が発見され、実用化された。

薬の歴史では、多くの薬がより効果的な新薬に置きかえられていく。梅毒の治療薬サルバルサンは、フレミングが発見したペニシリンに置きかえられた。このペニシリンも、より有効な薬ができたことで、現在ではほとんど使われることはない。

薬とは、そうやって、より安全なもの、より効果が強いものへと、人々が進化させていくものなのだ。

一方、このような抗生物質をたくさん使うと、細菌はこれに負けない強さをもつようになることも分かってきた。この細菌の進化に遅《おく》れをとらないように、薬の進化、治療法の進化を続けていかなければならない。

人類と病気の終わりなき闘《たたか》いは、今も続いている。

参考文献

【病気と闘った人々】

『ヒポクラテス　医学を発展させた賢人(天才!?科学者シリーズ9)』(ルカ・ノヴェッリ著、滝川洋二 日本語版監修、関口英子 訳、岩崎書店)

『ヒポクラテスの西洋医学序説』(ヒポクラテス 原典、常石敬一 訳・解説、小学館)

『医学の歴史 大図鑑』(スティーヴ・パーカー 監修、酒井シヅ 日本語版監修、河出書房新社)

『医学全史――西洋から東洋・日本まで』(酒井建雄 著、筑摩書房)

『医学の歴史』(梶田昭 著、講談社)

『医学をきずいた人びと 上』(シャーウィン・B・ヌーランド 著、曽田能宗 訳、河出書房新社)

『謎の解剖学者ヴェサリウス』(坂井建雄 著、筑摩書房)

『近代医学の先駆者　ハンターとジェンナー』(山内一也 著、岩波書店)

『華岡青洲の妻』(有吉佐和子 著、新潮社)

『ジュニアサイエンス パスツールと微生物―伝染病の解明と治療につくした科学者』(佐藤直樹 著、ジョゼフィーヌ・ガリポン 監訳、丸善出版)

『ルイ・パスツール―無限に小さい生命の秘境へ』(ルイーズ・E・ロビンズ 著、西田美緒子 訳、大月書店)

『ローベルト・コッホ　医学の原野を切り拓いた忍耐と信念の人』(トーマス・D・ブロック 著、長木大三／添川正夫 訳、シュプリンガー・フェアラーク東京)

『北里柴三郎』(長木大三 著、慶應義塾大学出版会)

『北里柴三郎　伝染病とたたかった不屈の細菌学者』(たからしげる 著、あかね書房)

『孤高の科学者　W・C・レントゲン』(山崎岐男 著、医療科学社)

『奇跡の薬　ペニシリンとフレミング神話』(グウィン・マクファーレン 著、北村二朗 翻訳、平凡社)

『薬理学の基本がわかる 薬が効くしくみ』(中原保裕 著、ナツメ社)

『?ギモンを!かいけつくすりの教室1　くすりってなに?』(加藤哲太 監修、保育社)

※そのほか、多くの書籍、論文、Webサイト、新聞記事、映像を参考にさせていただいております。

NDC280

科学の先駆者たち

2 病気と闘った人々

Gakken 2023 316P 22cm
ISBN 978-4-05-501398-7

2023年2月28日 第1刷発行
2024年1月31日 第2刷発行

発行人 土屋徹
編集人 芳賀靖彦
企画・編集 目黒哲也
発行所 株式会社Gakken
〒141-8416 東京都品川区西五反田2-11-8
印刷所 大日本印刷株式会社
DTP 株式会社 四国写研

●お客様へ
[この本に関する各種お問い合わせ先]
○本の内容については、下記サイトのお問い合わせフォームよりお願いします。
https://www.corp-gakken.co.jp/contact/
○在庫については TEL03-6431-1197(販売部)
○不良品(落丁・乱丁)については TEL0570-000577
学研業務センター 〒354-0045 埼玉県入間郡三芳町上富279-1
○上記以外のお問い合わせは TEL0570-056-710(学研グループ総合案内)

科学の先駆者たち

❶宇宙を目指した人々
❷病気と闘った人々
❸星の謎に挑んだ人々
❹生命の不思議に魅せられた人々
❺コンピュータ社会を創った人々